바라는 것들의 실상이요
보지 못하는 것들의 증거니

바라는 것들의 실상이요 보지 못하는 것들의 증거니

이재록 목사

믿음은 바라는 것들의 실상이요
보지 못하는 것들의 증거니
선진들이 이로써 증거를 얻었느니라 …
믿음이 없이는 기쁘시게 못하나니 하나님께 나아가는 자는
반드시 그가 계신 것과 또한 그가 자기를 찾는 자들에게
상 주시는 이심을 믿어야 할지니라

히 11:1~6

펴내는 글

　　믿음은 무엇과도 비할 수 없는 보배 중의 보배요, 모든 문제를 해결하는 열쇠입니다. 온전한 믿음을 가지면 아무리 막막하고 불가능해 보이는 현실에서도 하나님 능력을 끌어내려 순간에 모든 문제를 해결할 수 있습니다. 성경을 보면 믿음의 선진들은 무에서 유를 창조하시는 하나님의 능력을 믿었기에 놀라운 하나님의 역사를 체험할 수 있었습니다. 하나님은 어제나 오늘이나 변함이 없으십니다. 성경에 기록된 말씀을 믿고 행하는 사람에게 오늘날도 동일한 역사를 베풀어 주십니다.

　　구엘레모 파비오스라는 소년은 생후 이틀 만에 소아마비가 되었습니다. 이후 네 차례 수술을 받았지만 보행 보조기구 없이는 걸을 수가 없었습니다. 그런데 2006년 7월, 미국 뉴욕 매디슨스퀘어 가든에서 열린 연합대성회에 참석하여 하나님의 놀라운 권능을 체험했습니다. 제가 설교를 한 후 단에서 환자들을 위해 기도할 때에 누군가 자신의 다리를 만지는 듯한 느낌을 받았다고 합니다. 이때부터 혼자 걸을 수 있게 되었습니다.

그의 삶을 희망으로 바꾼 것은 바로 '믿음'이었습니다. 많은 이들이 하나님의 권능으로 치료받는 모습을 보면서 그 소년도 믿음을 갖고 기도를 받았던 것입니다.

우리가 하나님을 기쁘시게 하는 믿음을 소유하면 마음의 소원까지도 응답받을 수 있습니다. 꾸어 줄지언정 꾸지 않게 하시며 들어오나 나가나 복을 받게 하시고, 함께하는 주변 사람들에게도 복을 주십니다. 사고나 자연 재해, 창궐하는 전염병 가운데서도 참마음과 온전한 믿음을 가지면 조금도 해를 입지 않고 보호받을 수 있습니다. 어떤 권세자나 악한 사람이 모략하여 넘어뜨리려 해도 다니엘이나 그의 세 친구처럼 믿음으로 승리하여 하나님께 영광 돌리게 됩니다.

『바라는 것들의 실상이요 보지 못하는 것들의 증거니』는 하나님의 자녀로서 승리의 삶을 살기 원하는 분들을 위해 발간하였습니다. 믿음이란 무엇인지, 그리고 온전한 믿음을 갖기 위한 방법과 그러한 믿음을 가진 선진들에게 나타난 하나님의 역사를 소개함으로써 올바른 믿음의 길을 제시합니다. 아울러 칼럼 뷰(Column View)를 추가하여 참 믿음의 행함에 따르는 열매가 어떠한지 보여 줍니다.

이 책을 통하여 보배 중의 보배, 인생의 마스터키라 할 수 있는 참 마음과 온전한 믿음을 소유하시기 바랍니다. 그리하여 하나님을 기쁘시게 하는 믿음으로 항상 승리하며 영원한 천국에서 해와 같은 영광 가운데 거하시기를 주님의 이름으로 축원합니다.

2011년 8월

이재록 목사

CONTENTS

The Assurance of Things Hoped for,
The Conviction of Things not Seen

육적인 믿음과 영적인 믿음

믿음은 바라는 것들의 실상이요
보지 못하는 것들의 증거니
선진들이 이로써 증거를 얻었느니라
믿음으로 모든 세계가 하나님의 말씀으로
지어진 줄을 우리가 아나니
보이는 것은 나타난 것으로 말미암아
된 것이 아니니라

히브리서 11:1～3

　민음은 신앙생활의 기초입니다. 믿음이 있어야 구원받을 수 있고 하나님을 기쁘시게 하며 하나님을 만나 모든 문제를 해결받을 수 있기 때문입니다. 여기서 믿음은 전지전능하신 창조주 하나님을 믿으며, 예수가 우리의 구세주 되심을 믿는 것을 말합니다. 또한 하나님 말씀인 성경이 참이고 장차 심판이 있으며 천국과 지옥이 있음을 믿는 것이지요. 믿음이 있으면 능치 못할 일이 없으며 성경에 기록된 모든 약속과 축복의 말씀이 그대로 이루어집니다.

　때로는 삶 가운데 불같은 시험이나 예상치 못한 어려움이 다가오기도 합니다. 하지만 믿음의 방패만 있으면 어떤 어려움도 능히 극복할 수 있습니다. 원수 마귀 사단의 진을 깨뜨리고 항상 승리하는 삶을 영위할 수 있지요.

　방패는 전쟁 때 적의 칼이나 창, 화살 따위를 막는 무기입니다. 무기가 발달하지 않은 옛 시대에는 매우 중요한 전쟁도구였습니다. 만일 방패가 없다면 아무리 갑옷을 단단히 입은 장수라도 생명의 위협을 받을 수밖에 없었습니다. 영적으로 방패와 같은 역할을 하는 것이 바로 믿음입니다.

에베소서 6장 16절을 보면 "모든 것 위에 믿음의 방패를 가지고 이로써 능히 악한 자의 모든 화전을 소멸하고" 했습니다. 여기서 화전(火箭)이란 불을 붙인 화살을 말합니다. 이 화살을 맞으면 비록 갑옷을 입었다 해도 큰 화를 당하게 됩니다. 그러나 방패가 있으면 지킴 받을 수 있습니다.

위대한 믿음의 힘

믿음의 힘은 참으로 위대한데 신앙생활에서 가장 중요한 '구원받는 일'도 믿음이 있어야 가능합니다. 로마서 1장 17절에 "오직 의인은 믿음으로 말미암아 살리라" 말씀했습니다. 의인이란 우리의 죄를 대속해 주신 예수 그리스도를 영접하고 진리인 하나님 말씀대로 행하는 사람입니다. 의인이 되어야만 하나님의 자녀로서 구원받아 천국에 가는데, 믿음이 있어야 의인이 될 수 있습니다(갈 2:16).

의식주 문제도 믿음으로 해결됩니다. 예수님께서는 "오늘 있다가 내일 아궁이에 던지우는 들풀도 하나님이 이렇게 입히시거든 하물며 너희일까 보냐"(마 6:30) 말씀했습니다. 내일 아궁이에 던져질 들풀도 하나님이 입히시는데 하나님의 자녀야 어찌 먹이고 입히시지 않겠느냐는 말씀입니다. 우리가 범사에 믿음으로 행하면 의식주 문제는 하나님이 다 해결해 주십니다.

질병이나 장애도 믿음으로 해결됩니다. 마가복음 10장에 나오는 소경 거지 바디매오는 믿음으로 예수님께 구하여 응답받았습니다. 눈을 뜨는 것이 가장 큰 소원이었던 그는 예수님께서 각색 병자를 치료하고 갖가지 문제를 해결해 주신다는 소문을 듣고 선한 마음으로 믿었습니다. 예수님 뵙기를 간절히 소망했지요.

그러던 어느 날 예수님께서 근처에 지나가신다는 말이 들렸습니다. 그는 "다윗의 자손 예수여 나를 불쌍히 여기소서"라고 부르짖었지요. 주변 사람들이 "잠잠하라" 말했지만 아랑곳하지 않고 더 큰 소리로 부르짖었습니다. 이에 예수님께서는 그를 불러 치료해 주셨습니다.

자연현상도 믿음으로 응답받을 수 있습니다. 아합 왕 시대에 이스라엘에 우상 숭배가 만연하여 하나님의 진노가 임했습니다. 3년 반 동안 극심한 가뭄이 들었지요. 때가 되자 엘리야는 비의 응답을 받기 위해 믿음으로 기도하였습니다. 얼마나 간절히 기도하였던지 얼굴이 무릎 사이에 들어갈 정도였습니다. 과연 엘리야의 믿음의 기도대로 구름과 바람이 일어나 하늘이 캄캄해지고 큰 비가 내렸습니다(왕상 18:45).

이처럼 믿음의 힘은 대단합니다. 믿음의 역사는 성경에만 나오는 것이 아닙니다. "예수 그리스도는 어제나 오늘이나 영원토록 동일하시니라"(히 13:8) 말씀하신 대로 믿음을 가진 사람들을 통하여 오늘날에도 똑같이 나타납니다. 바디매오처럼 선한 마음과 믿음의 행함을 내보이면 질병만이 아니라 가정, 일터, 사업터 등 인생의 모든 문제를 해결받을 수 있습니다. 하나님이 기뻐하시는 믿음을 가지면 기사와 표적, 권능도 나타낼 수 있지요.

마태복음 21장 22절에 "너희가 기도할 때에 무엇이든지 믿고 구하는 것은 다 받으리라" 말씀하셨습니다. 그러니 우리가 하나님 앞에 믿고 구한 것은 다 응답을 받아야 합니다. 만일 "믿습니다." 하며 기도하는데도 응답이 없다면 자신의 믿음이 참 믿음인지 점검해 보아야 합니다.

육적인 믿음과 영적인 믿음

믿음에는 하나님께서 인정하지 않으시는 육적인 믿음과 하나님께서 인정하며 응답하시는 참 믿음 곧 영적인 믿음이 있습니다.

육적인 믿음이란 눈으로 확인되고 자기가 알고 있는 지식이나 이론과 일치해야만 믿는 믿음입니다. 예를 들어, 나무로 책상을 만든다는 사실을 알고 있거나 직접 본 적이 있는 경우, 누군가 "이 책상은 나무로 만들었다."고 말할 때 의심 없이 믿는 것입니다. 또 반드시 재료가 있어야만 무엇을 만들 수 있다고 믿는 믿음이지요. 그래서 육적인 믿음을 지식적인 믿음 또는 이성적인 믿음이라고도 합니다.

사람은 태어나면서부터 다양한 지식을 머리에 입력시킵니다. 보고

 바라는 것들의 실상이요 보지 못하는 것들의 증거니

들은 것, 부모 형제나 이웃을 통하여 또는 학교에서 배운 지식을 뇌세포에 있는 기억 장치에 저장하여 필요할 때에 활용하며 살아갑니다. 그런데 이렇게 입력된 지식이 모두 진리는 아닙니다. 하나님 말씀만이 영원토록 변함없는 진리입니다.

세상에서 사람들이 배우고 입력한 지식 중에는 시간이 지나고 상황이 바뀜에 따라 변하는 비진리가 많습니다. 시대마다 똑같이 적용할 수 없는 것도 있고 나라마다 진리의 기준이 다르며, 상황에 따라 그 활용 한도가 정해져 있는 지식도 있지요. 옳다고 여기던 이론도 시대에 따라 바뀌는 경우가 많습니다. 그런데 많은 사람이 진리를 온전히 알지 못하기 때문에 비진리가 진리인 양 사용되어도 모른 채 살아갑니다.

예를 들어, 학교에서 진화론을 배우면 그것이 진리인 줄 압니다. 또 유(有)에서 유(有)를 만드는 것만 배우기 때문에 아무것도 없는 무(無)의 상태에서 유(有)를 만들어내는 것을 믿지 못합니다. 성경은 아무것도 없는 무에서 하나님 말씀으로 천지 만물이 창조되었다고 합니다. 또 사람의 지식과 이론으로는 도저히 불가능한 수많은 기사와 표적, 권능을 기록하고 있습니다.

해와 달이 운행을 멈춘 사건(수 10:12~13)이나 범람하던 강물이 멈춘 일(수 3:15~16)이 그 예입니다. 예수님께서 물로 포도주를 만들고 눈먼 사람을 보게 하며, 죽은 사람을 살리신 내용도 이에 해당합니다. 육적인 믿음을 가진 사람은 이러한 사실들이 자신의 지식과 이론에 맞지 않으므로 믿지 못합니다.

변개하는 믿음 역시 육적인 믿음입니다. 어떤 사람은 믿음으로 마음의 소원을 응답받기 위해서 열심히 기도하고 예배하며 신앙생활을 합니다. 하지만 기도한 내용이 신속히 이뤄지지 않으면 점차 의심합니다. '정말 하나님이 살아 계신가' 하며 은혜가 떨어집니다. 과거에 자신이 응답받았던 체험이나 주위 사람들이 응답받은 간증에 대하여도 우연히 일어났던 일로 여깁니다. 그러니 하나님께 의지하지 못하고 세상 방법으로 해결하려고 합니다. 이처럼 변개하는 믿음은 참 믿음이 아니기에 응답받을 수 없습니다.

야고보서 1장 6~7절에 "오직 믿음으로 구하고 조금도 의심하지 말라 의심하는 자는 마치 바람에 밀려 요동하는 바다물결 같으니 이런 사람은 무엇이든지 주께 얻기를 생각하지 말라" 말씀했습니다. 또 마가복음 11장 24절에는 "무엇이든지 기도하고 구하는 것은 받은 줄로 믿으라 그리하면 너희에게 그대로 되리라" 하셨지요. 따라서 변개하지 않고 끝까지 믿고 구하되, 이미 받은 줄로 믿어야 응답을 받을 수 있습니다.

행함이 없는 믿음도 육적인 믿음입니다. 어떤 사람은 무에서 유의 창조도 믿고 성경 66권과 하나님의 역사를 다 믿는다고 말하지만 정작 하나님 말씀대로 행하지는 않습니다. 이런 사람은 과연 마음으로 믿는지, 머리로만 아는지 돌아보아야 합니다.

아는 것과 믿는 것은 전혀 다릅니다. 하나님 말씀은 머리로 아는 데 그치는 것이 아니라 마음 중심에서 믿어야 합니다. 그럴 때 말씀대로 순종하는 행함이 따릅니다. 반면 머리로만 아는 지식적인 믿음을 가진 사람은 말씀대로 행할 수 없지요.

예를 들어, 하나님께서는 '무엇이든지 심은 대로 거두게 하신다' 하셨는데, 육적인 믿음을 가진 사람은 이 말씀을 머리로는 알지만 막상 현실에 직면하면 행할 수 없습니다. 당장 생활비가 부족하다 싶으면 십일조를 안 하기도 하고, 하나님 앞에 예물을 심는 데에 인색합니다. 하나님께 심을 때 반드시 축복으로 오는 줄 믿는다면 그럴 리가 없는데 머리로만 알기 때문에 행할 수 없는 것입니다.

마태복음 5장 39~40절을 보면 "누구든지 네 오른편 뺨을 치거든 왼편도 돌려대며 또 너를 송사하여 속옷을 가지고자 하는 자에게 겉옷까지도 가지게 하며" 말씀했습니다. 베드로전서 2장 19절에는 "애매히 고난을 받아도 하나님을 생각함으로 슬픔을 참으면 이는 아름다우나" 말씀했지요. 그런데 육적인 믿음을 가진 사람은 이런 말씀이 이해되지 않습니다.

머리로는 알아서 다른 사람에게 가르치기도 하지만 막상 자신이 그런 상황에 처하면 말씀대로 행하지 못합니다. 애매히 고난을 당하는 경우 어떻게든 따지고 변론하고자 합니다. 당한 만큼 갚아 주려는 사람도 있습니다.

이처럼 행함이 없는 믿음에 대해 야고보서 2장 26절에 "영혼 없는 몸이 죽은 것같이 행함이 없는 믿음은 죽은 것이니라" 말씀합니다. 죽은 믿음으로는 응답이나 축복을 받지 못함은 물론 구원조차 받을 수 없습니다. 마태복음 7장 21절을 보면 "나더러 주여 주여 하는 자마다 천국에 다 들어갈 것이 아니요 다만 하늘에 계신 내 아버지의 뜻대로 행하는 자라야 들어가리라" 하셨습니다. 또 요한일서 1장 7절에는 "저가 빛 가운데 계신 것같이 우리도 빛 가운데 행하면 우리가 서로 사귐이 있고 그 아들 예수의 피가 우리를 모든 죄에서 깨끗하게 하실 것이요" 말씀했지요.

빛 가운데 행하는 사람, 즉 하나님의 뜻대로 행하는 사람이어야 예수님의 피로 모든 죄를 사함받고 구원받아 천국에 들어갈 수 있다는 말씀입니다. 따라서 신앙생활을 오래 했다 해도 행함이 없는 육적인 믿음은 아무 소용이 없음을 알아 반드시 행함 있는 믿음으로 변화되어야 합니다.

참 믿음은 영적인 믿음

영적인 믿음은 육적인 믿음과 반대로 자신의 지식이나 생각에 맞지 않아도 하나님 말씀이라면 다 믿는 믿음입니다. 무에서 유의 창조를 믿으며, 현실과 조건에 상관없이 변개하지 않는 믿음이지요. 또한 지식으로 아는 데 그치지 않고 행함을 통해 증거를 보이는 믿음으로서 하나님께서 인정하시는 참 믿음입니다. 성경에서는 믿음을 다음과 같이 정의합니다.

"믿음은 바라는 것들의 실상이요 보지 못하는 것들의 증거니 선진들이 이로써 증거를 얻었느니라"(히 11:1~2)

영의 눈으로 바라보니 실제 상이 생겨나고, 눈에 보이지 않으나 믿음의 눈으로 바라보니 실제 증거가 나타납니다. 육적인 믿음, 지식적인 믿음으로는 있을 수 없는 일들이 실제로 나타나 보이는 것입니다. 많은 선진들이 믿음으로써 바라는 것을 실상으로 응답받았습니다. 또한 보지 못하는 것을 눈에 보이는 증거로 받아 무에서 유를 창조하시는 하나님의 능력을 체험하였습니다.

예를 들어, 모세는 하나님 말씀을 믿음의 눈으로 바라보고 지팡이를 내밀어 홍해를 갈랐습니다. 그가 하나님의 명대로 지팡이 든 손을 바다 위로 내밀자, 밤새도록 큰 동풍이 불었습니다. 큰 바람 가운데 바다가 갈라지고 이스라엘 백성은 바다 한가운데로 걸어서 건넜습니다.

여호수아와 이스라엘 백성은 믿음의 눈으로 바라보고 여리고 성을 7일 동안 돌고 외쳐 성벽을 무너뜨렸습니다. 견고한 성이 백성의 외침으로 무너진다는 것은 이해되지 않는 일입니다. 하지만 믿음의 훈련을 받은 출애굽 2세대들은 여호수아의 명대로 성을 돌고 외쳤습니다. 과연 성벽이 무너져내려 성을 정복할 수 있었습니다.

이처럼 사람의 생각이나 지식에 맞지 않아도 믿으며 행함이 따르는 것이 하나님께서 인정하시는 참 믿음이요, 영적인 믿음입니다. 이런 믿음이 있으면 건강, 가정, 일터, 사업터의 문제를 해결받음은 물론, 사람으로서는 도저히 불가능한 일이라도 기도하여 응답받습니다. 나아가 아름답고 영화로운 천국을 소유하여 영생을 누리게 됩니다.

육적인 믿음은 자신이 아는 만큼 가질 수 있습니다. 그러나 영적인 믿음은 사람이 스스로 가질 수 있는 것이 아닙니다. 로마서 12장 3절에 "마땅히 생각할 그 이상의 생각을 품지 말고 오직 하나님께서 각 사람에게 나눠 주신 믿음의 분량대로 지혜롭게 생각하라" 말씀한 대로 각 사람에게 하나님께서 나눠 주신 분량만큼 가질 수 있습니다.

만약 사람이 마음대로 영적인 믿음을 가질 수 있다면 많은 문제가 생길 것입니다. 이웃을 미워하여 "저 싫은 사람이 교통사고를 당하게 해 주세요."라고 기도했는데 응답이 된다면 어떻게 되겠습니까? 그러므로 하나님께서는 합당한 마음과 자격을 갖춘 사람에게만 응답이 따르는 영적인 믿음을 주십니다.

영적인 믿음을 소유하려면

영적인 믿음은 하나님께서 인정하며 응답하시는 믿음입니다. 우리가 영적인 믿음을 소유하기 위해서는 어떻게 해야 할까요?

첫째, 의심을 가져오는 생각과 이론을 모두 깨뜨려 버려야 합니다

영적인 믿음을 갖는 데 가장 걸림돌이 되는 요소는 바로 비진리에서 비롯된, 의심을 가져오는 생각과 이론입니다. 어떤 사람은 성경에 기록된 각종 기사와 표적을 의심합니다. 하나님이 말씀으로 천지를 창조하셨다는 사실도 믿지 못하지요. 이런 의심은 사람의 지식이나 이론으로부터 나오며 원수 마귀 사단이 가져다주는 것입니다.

이론이란 어떤 지식을 바탕으로 사물의 이치나 현상 등에 대해 정립해 놓은 논리 체계입니다. 이는 사람이 세운 것이므로 모두가 진리는 아닙니다. 그러니 한 가지 현상에 대해 여러 이론이 있기도 하고, 예전에는 옳다 하던 내용이 시간이 지나면 그르다 하는 일도 생깁니다. 이처럼 이론은 시대에 따라 달라지기도 하며, 그 안에는 진리도 있지만 하나님 말씀에 상반되는 비진리도 많습니다.

하나님을 믿지 못하게 하는 비진리의 생각을 고집하거나 성경 말씀에 반대되는 이론에 집착하면 하나님의 역사를 믿기 어렵고 말씀에 순종할 수도 없습니다. 따라서 고린도후서 10장 5절에 "모든 이론을 파하며 하나님 아는 것을 대적하여 높아진 것을 다 파하고 모든 생각을 사로잡아 그리스도에게 복종케 하니" 말씀한 대로 영적인 믿음을 갖지 못하게 하는 생각과 이론을 깨뜨려야 합니다.

이는 자신의 생각이나 이론이 하나님 말씀에 위배되면 철저히 무로 돌리라는 의미입니다. 오직 하나님 말씀만이 진리이기에 그에 맞지 않을 때는 무조건 버려야 하는 것입니다. 불같이 기도하여 하나님께 능력을 받으면 의심을 가져오는 생각, 잘못된 지식이나 이론을 깨뜨려 버릴 수 있습니다. 그럴 때 하나님 말씀이 받아들여지고 영적인 믿음을 가질 수 있습니다.

둘째, 하나님 말씀을 보고 들으며 가르침 받아 열심히 행해야 합니다

로마서 10장 17절에 "믿음은 들음에서 나며 들음은 그리스도의 말씀으로 말미암았느니라" 말씀했습니다. 하나님 말씀을 모르면 말씀대로 행할 수 없으므로 하나님 말씀을 열심히 듣고 가르침 받아야 합니다. 그러나 말씀을 지식으로만 쌓고 행하지 않는 사람은 오히려 교만해질 수 있으므로 하나님께서는 영적인 믿음을 주시지 않습니다. 지식으로 담아 놓은 말씀이 마음 안에 영적인 믿음으로 채워지기 위해서는 반드시 말씀대로 순종하는 행함이 따라야 합니다.

훌륭한 피아니스트나 스포츠 선수가 되고자 할 때 이론서를 반복하여 읽기만 한다 해서 가능할까요? 이론을 공부한 후 실제로 끊임없는 연습과 훈련을 해야 합니다. 마찬가지로 하나님 말씀을 많이 읽고 배운다 해도 정작 그 말씀대로 행치 않으면 아무 소용이 없습니다. 아는 데 그치지 않고 행함을 통해 마음을 진리로 채워 나갈 때라야 하나님께서 영적인 믿음을 주십니다.

마음을 진리로 채운다는 것은 하나님께서 버리라 하신 미움, 다툼, 시기, 간음 등 비진리를 버리고, 섬기고 상대의 유익을 구하며 원수까지라도 사랑하는 등 진리의 사람으로 변화되는 것을 말합니다.

마음 안에 진리로 채워 나가면 자연히 비진리는 빠져 나갑니다. 이로써 주님의 마음을 닮아가는 만큼 위로부터 믿어지는 영적인 믿음이 오게 됩니다.

물론 하나님 말씀을 듣는 대로 즉시 순종하지 못하는 경우도 있습니다. 내게 잘못한 사람이라도 어찌하든 이해하고 사랑하려 하지만 마음에 여전히 미움과 감정이 있습니다. 또 간음을 버리기 원하지만 막상 마음에 드는 이성을 보면 동요하기도 합니다.

이런 경우 불같이 기도하여 순종할 수 있는 능력을 받아야 합니다. 중심으로 하나님의 은혜와 능력을 구해 나가면 하나님께서는 반드시 순종할 수 있는 능력을 주십니다. 그래서 말씀대로 순종하여 행해 나가면 영적인 믿음을 소유할 수 있습니다.

영적인 믿음을 가진 사람은 하나님 말씀대로 행하여 실제로 축복을 체험합니다. 영혼이 잘됨같이 범사가 잘되고 강건하며 마음의 소원도 응답받지요. 이런 체험이 쌓이면 더 큰 일도 순종할 수 있고, 그로 인해 믿음도 더 커집니다. 장성한 믿음의 분량에 이르면 하나님께서 아무리 불가능한 일을 명하셔도 순종할 수 있습니다. 이때는 무엇이나 구하는 대로 응답받으므로 능치 못할 일이 없습니다.

참 믿음과 영생

마태복음 25장에 나오는 열 처녀의 비유는 우리에게 많은 교훈을

줍니다. 등을 들고 신랑을 맞으러 나간 열 처녀 중에 슬기로운 다섯 처녀는 기름준비를 잘하여 신랑을 맞이했지만 미련한 다섯 처녀는 그러지 못했습니다. 이는 믿는 사람 가운데에도 다시 오실 주님 맞이할 준비를 잘하여 구원받는 사람이 있고 그렇지 못하여 구원받지 못할 사람도 있다는 뜻입니다.

후자는 쭉정이에 해당하는데 쭉정이란 겉으로는 하나님 말씀대로 사는 것 같아도 마음은 진리로 변화되지 않아 여전히 악을 행하는 사람을 말합니다. 비록 교회에 나와 기도하며 나름대로 충성한다 하지만 사람에게 보이려고 하는 경우라면 이 역시 참 믿음을 가진 알곡이 아닙니다.

알곡은 하나님 말씀인 진리로 변화된 사람으로서 좌우로 치우치거나 흔들리지 않는 믿음을 소유하여 모든 일을 믿음으로 행합니다. 자기 유익을 구치 않고 상대의 유익을 구하며 선을 행하되 믿음으로 하지요. 남을 의식하여 억지로 하는 것이 아니라 기쁨과 감사함으로 합니다. 이렇듯 하나님을 기쁘시게 하기 위해 모든 일을 믿음으로 행하기에 늘 형통한 축복을 받으며 구원받아 천국에서 영생을 누리게 됩니다.

'과연 나는 알곡인가, 쭉정이인가?' 점검해 보시기 바랍니다. 신앙생활이란 교회만 왔다갔다하는 것이 아닙니다. 하나님 말씀을 통해 죄가 무엇인지 깨닫고 버려나가는 것이 신앙생활입니다. 하나님 말씀에 순종하여 그분의 뜻대로 행할 때 하나님께서 참 믿음으로 인정하십니다. 이런 사람은 이 땅에서도 축복을 받으며 장차 영원한 천국을 소유하게 됩니다.

그러므로 부지런히 하나님 말씀을 듣고 마음에 새기며 행하시기 바랍니다. 하나님께서 인정하시는 영적인 믿음을 소유하여 구원과 영생을 얻음은 물론 항상 구하는 대로 응답받는 복된 삶을 누려야 하겠습니다.

견고한 믿음과 소망

성경을 보면 하나님께서는 사람들에게 더 큰 믿음과 천국에 대한 소망을 주기 위해, 또는 하나님의 섭리를 이루기 위해 영적인 세계를 보여 주거나 믿을 수 있는 근거를 보이신 경우들이 있습니다.

예를 들어, 사도 바울에게는 아름다운 천국을 보이심으로써 소망을 더해 주셨습니다. 셋째 하늘의 낙원을 보고 온(고후 12:2) 그는 하늘의 비밀한 것들을 밝히 알았고, 천국 소망이 있었기에 죽음도 두려워하지 않고 믿음의 길을 갔지요. 사도행전 20장 24절에 "나의 달려갈 길과 주 예수께 받은 사명 곧 하나님의 은혜의 복음 증거하는 일을 마치려 함에는 나의 생명을 조금도 귀한 것으로 여기지 아니하노라" 고백한 대로 순교에 이르기까지 충성하였습니다.

제 경우에는 숱하고 중한 질병으로 죽음의 문턱을 넘나들던 중 하나님을 만났습니다. 7년간 어떤 방법으로도 고칠 수 없던 질병들을 하나님께서 성령의 불로 단번에 치료해 주셨습니다. 그 후 저는 오직 하나님의 나라와 의를 위해 살았습니다. 주의 종으로 부름 받은 후 혹독한 연단의 때도 있었지만 변함없이 하나님만 바라보며 의지해 나갈 수 있었던 것은 신실하신 하나님을 믿었기 때문입니다. 제가 모든 시험을 믿음으로 승리하자 하나님께서는 권능 위에 권능을 더하시고 전 세계 곳곳에서 대형집회를 인도하며 땅 끝까지 복음을 전하도록 축복하셨습니다.

잠언 8장 17절에 "나를 사랑하는 자들이 나의 사랑을 입으며 나를 간절히 찾는 자가 나를 만날 것이니라" 말씀했습니다. 우리가 누군가를 진심으로 사랑하면 그가 원하는 것을 기꺼이 들어주듯이, 하나님을 사랑하면 하나님 말씀인 성경을 믿고 그대로 지켜 행합니다. 그럴 때 하나님께서는 기도에 응답하고 만나 주시며, 종국에는 가장 아름다운 천국 새 예루살렘으로 인도해 주십니다.

Chapter 2

육신의 생각은
하나님과 원수가 되나니

육신을 좇는 자는 육신의 일을,
영을 좇는 자는 영의 일을 생각하나니
육신의 생각은 사망이요 영의 생각은 생명과 평안이니라
육신의 생각은 하나님과 원수가 되나니
이는 하나님의 법에 굴복지 아니할 뿐 아니라 할 수도 없음이라
육신에 있는 자들은 하나님을 기쁘시게 할 수 없느니라

로마서 8:5~8

하나님의 역사를 체험하며 하나님의 일을 이루기 위해서는 영적인 믿음이 있어야 합니다. 영적인 믿음은 사람으로서는 불가능한 일도 하나님의 능력으로 가능하게 만들고 아무것도 없는 데서 실상이 나타나게 만듭니다. 성경을 보면 영적인 믿음을 가진 사람은 하늘에서 불이 내리게 하고 3년 반의 가뭄 속에 비가 오게 했습니다(왕상 18:36~45). 또한 죽은 사람을 살리고 강한 군대를 물리치기도 했습니다.

이런 영적인 믿음을 갖기 위해서는 무엇보다 육신의 생각이 없어야 합니다. 육신의 생각은 영적인 믿음을 갖지 못하게 방해하는 큰 장애물로서, 하나님의 역사를 막아 버리므로 하나님과 원수가 됩니다 (롬 8:7).

육신의 생각과 영의 생각

생각이란 우리가 태어나서부터 보고 듣고 배워 머릿속에 입력된 지식을 재생하여 떠올리는 것을 말합니다. 생각에는 영의 생각과 육신의 생각이 있습니다.

육신이란 우리 몸과 죄성이 결합된 것을 의미합니다. 미움, 혈기, 판단, 정죄, 시기, 교만 등 아직 겉으로 나타나지는 않았으나 언젠가는 행함으로 유발될 수 있는 비진리의 속성이지요. 이런 육신을 바탕으로 어떤 생각을 하면 하나님의 뜻과 반대되는 악한 생각이 나오는데 이것이 바로 육신의 생각입니다.

이와 대조적으로 영의 생각은 하나님의 뜻에 합당한 진리 가운데서 지식을 되살려 내는 것입니다. 달리 말하면 영의 생각은 진리의 생각이며, 육신의 생각은 비진리의 생각이라 할 수 있습니다.

간단한 예를 들어 보겠습니다. 누군가 자신에게 매우 무례히 행하거나 애매히 비난을 합니다. 이때 육신의 생각을 하는가, 영의 생각을 하는가에 따라 반응이 전혀 다릅니다. 비진리를 동원하여 육신의 생각을 하는 사람은 몹시 불쾌하고 자존심이 상합니다. 그래서 불편한 마음을 직접 말로 표현하기도 하고 혹 그러지는 않는다 해도 서운해하거나 마음이 요동하며 고통을 받습니다.

이와 달리 영의 생각, 진리의 생각을 하는 사람은 같은 상황일 때 진리의 마음이 반응합니다. 사랑, 이해, 용서, 화평, 섬김 등의 마음이 작용하지요. '저 사람과 부딪치지 않고 마음을 평안케 해줘야겠다. 오해를 풀어 줘야겠다.' 하며 진리의 마음으로 반응합니다. 이러한 사람에게는 성령께서 어떻게 하면 상대와 화평을 이룰 수 있을지,

그 방법론을 알려 주십니다. 그러면 성령이 주관하시는 대로 부드러운 낯빛과 온유한 음성으로, 또한 상대의 마음을 감동시키는 말과 행함으로 나타내게 됩니다.

영적인 믿음의 방해요인

육신의 생각을 하는 가장 근본적인 원인은 마음 안에 비진리, 곧 육신이 있기 때문입니다. 비진리의 지식이 없고 진리의 지식만 있다면 육신의 생각이 동원될 수 없습니다. 사람에게 하나님 말씀인 진리의 지식이 떠오를 때에는 영의 생각을 하지만 비진리의 지식이 떠오를 때에는 육신의 생각을 하게 됩니다. 그중 어떤 생각을 하느냐에 따라 결과가 매우 다릅니다.

"육신을 좇는 자는 육신의 일을, 영을 좇는 자는 영의 일을 생각하나니 육신의 생각은 사망이요 영의 생각은 생명과 평안이니라 육신의 생각은 하나님과 원수가 되나니 이는 하나님의 법에 굴복지 아니할 뿐 아니라 할 수도 없음이라 육신에 있는 자들은 하나님을 기쁘시게 할 수 없느니라"(롬 8:5~8)

영의 생각은 천국에 소망을 두고 하나님의 뜻을 좇기 때문에 생명이 되고 마음을 평안케 합니다. 반면에 육신의 생각은 죄와 불의를 좇기에 평안이 아닌 근심과 고통이 따릅니다.

무엇보다 육신의 생각은 하나님 말씀을 믿지 못하고 영적인 믿음을 갖지 못하게 방해합니다. 성경은 하나님 말씀으로서 영계의 법칙을 설명하기 때문에 세상의 지식과 이론으로는 이해하기 어려운 내용이 많습니다. 영의 생각을 하는 사람은 이러한 하나님 말씀이 이해되고 믿어지지만 육신의 생각이 있는 사람은 말씀이 자기 유익에 맞지 않으면 믿지 못하며, 순종하지도 못합니다. 한 예로, 예수님께서는 '주는 것이 받는 것보다 복되다' 하시고 '섬기라, 낮아지라' 하셨는데 주고 섬기면 나만 손해 보는 것 같아 순종하지 못하지요.

그런데 사람이 진리의 생각을 하려 해도 어떤 것이 진리이고 비진리인지 분별하지 못하므로 자기도 모르게 비진리의 생각을 하는 경우도 많습니다. 사람들이 진리라고 알고 있는 지식 중에 하나님 편에서는 진리가 아닌 것이 많기 때문입니다.

예를 들어, 어떤 책에는 부모의 원수를 갚는 일이 당연하며, 그렇지 않으면 비겁하다는 가치관이 깔려 있습니다. 만일 이러한 생각을 받아들이면 원수 갚는 일을 의로운 행동으로 여기게 되는데 하나님 말씀에 비추어 보면 결코 진리가 아닙니다. 오히려 원수를 사랑하고 일흔 번에 일곱 번이라도 용서하는 것이 진리이지요. 이러한 진리의 지식을 가진 사람은 아무리 자기를 괴롭히는 사람이라 해도 '용서해야겠다. 사랑해야겠다.'라는 진리의 생각, 영의 생각을 하려고 노력합니다.

반면에 비진리의 지식을 지닌 사람은 "저 사람은 너무 악하기 때문에 도무지 사랑할 수 없다. 미워하는 것이 당연하다."라고 자기의 가치관을 가지고 변명하며 하나님 말씀에 불순종합니다. 이렇게 잘못된 지식, 비진리의 지식을 되살려 내는 것이 육신의 생각으로서, 이는 범사에 하나님의 뜻을 대적하여 순종하지 못하게 합니다. 그래서 육신의 생각은 하나님과 원수가 되며, 육신의 생각이 있으면 하나님이 주시는 영적인 믿음을 가질 수 없습니다.

육신의 생각으로 불순종한 사울 왕

이스라엘의 초대 왕 사울은 육신의 생각으로 하나님과 원수 된 대표적인 사람입니다. 하나님께서는 그에게 아말렉을 공격하라 명하시며 모든 소유를 남기지 말고 진멸하라 하셨습니다. 이는 이미 출애굽 당시에 정해진 일이었습니다. 아말렉이 멸망받을 수밖에 없을 만큼 하나님 앞에 많은 죄를 쌓았기 때문입니다(신 25:17~19). 그들을 그대로 둔다면 이스라엘마저 우상 숭배와 같은 이방 풍속에 물들 위험이 있으므로 사전에 불씨를 없애야 했습니다.

그러나 사울 왕은 전쟁에서 승리한 후, 하나님께 예물로 드리면 좋겠다는 그럴 듯한 이유를 내세워 가축 중에 좋은 것은 살려서 가져옵니다. 아말렉 왕도 죽이지 않고 사로잡아 왔습니다. 사울 왕이 불순종한 것은 욕심과 교만 가운데서 나온 육신의 생각 때문이었습니다. 좋은 가축을 죽이기 아까웠고 아말렉 왕을 사로잡아 와서 백성에게 인정받고 싶은 마음이 있었던 것입니다.

하나님께서 아말렉을 다 진멸하라 하신 이유는 사울보다 어리석거나 지혜가 없어서가 아닙니다. 죄에 대한 보응으로서 그들을 멸하는 것이 합당했기 때문입니다. 사울은 자기 생각 속에서 더 지혜롭고 좋게 보이는 쪽을 택했으니 이는 자신이 하나님보다 더 낫다고 주장하는 것과 같습니다.

이처럼 욕심과 교만으로 눈이 가려진 사울은 불순종을 하고도 회개하려 하지 않았습니다. 오히려 계속 육신의 생각을 동원하여 악을 쌓아갑니다. 다윗이 백성에게 사랑을 받자 사울은 그를 시기하여 일평생 죽이러 쫓아다닙니다. 심지어 다윗을 도와주었다는 이유로 놉 땅에 사는 제사장들을 85명이나 죽이고 성읍을 진멸하다시피 했습니다. 이는 하나님을 정면으로 대적한 일입니다. 결국 그는 블레셋과의 전쟁에서 전세가 불리해지자 이방인의 손에 죽지 않기 위해 자기 칼을 세우고 그 위에 엎드려 비참한 죽음을 맞았습니다.

오늘날도 육신의 생각을 동원하여 하나님 말씀에 불순종하는 경우가 많습니다. 하나님께서는 어떤 일을 명하실 때 현실을 보지 않고 믿음으로 순종하기를 바라십니다. 그럴 때 반드시 하나님의 영광을 볼 수 있습니다(요 11:40). 하나님께서 모든 상황과 조건을 주관하여 그분의 뜻과 섭리를 이루시며 현실적으로는 큰 난관이 있다 해도 합력하여 선을 이루게 하시지요. 그러나 자신의 능력이나 형편이 안 된

다는 등 육신의 생각을 동원하여 순종하지 못하는 사람은 하나님의
역사를 체험할 수 없습니다.

영적인 믿음과 순종의 관계

영적인 믿음이 없으면 하나님께서 자기 생각에 맞지 않는 것을 명
하실 때 순종할 수 없습니다. 만일 하나님께서 어떤 일을 이루리라고
약속하셨다 해도 사람 편에서 육신의 생각을 가지고 불순종한다면
약속의 열매를 얻을 수가 없지요. 비진리의 지식이 있는 만큼 사단의
역사를 받아 육신의 생각이 동원되며, 그런 만큼 영적인 믿음을 가질
수 없습니다.

예를 들어, 하나님께서는 모세에게 이스라엘 백성을 애굽에서 인
도하여 떠나라 명하시며, 젖과 꿀이 흐르는 가나안 땅으로 들어가게
하겠다 약속하셨습니다. 이렇게 말씀을 주셨으면 그대로 믿고 하나
님의 인도를 좇아가면 됩니다. 믿으면 순종할 수 있고 그럴 때 말씀
대로 반드시 이루어집니다.

그런데 출애굽한 이스라엘 1세대는 어려움이 닥칠 때마다 육신의
생각을 동원하여 순종하지 못했습니다. 오히려 원망 불평하며 하나
님의 사람 모세를 대적하여 결국 가나안 땅에 들어가지 못하였습니
다. 반면에 어려서부터 말씀으로 양육받은 출애굽 2세대는 육신의 생
각을 하지 않고 믿음으로 순종할 수 있었습니다. '요단강을 밟으라,

여리고 성을 돌라' 할 때도 그대로 순종하여 하나님의 역사를 체험하였으며(수 3:15~17 ; 수 6장) 마침내 하나님 말씀대로 가나안 땅에 들어갔습니다.

하나님께서는 육신의 생각을 동원하지 않고 영적인 믿음으로 순종하는 사람을 찾으십니다. 육신의 생각을 온전히 벗어 버린 사람이라야 하나님 명령에 그대로 순종할 뿐 아니라 나아가 하나님의 마음을 헤아려 중심에서 순복하며 말씀을 보장해 드릴 수 있습니다.

한 나라에 여러 왕자가 있는데 그중에 맏아들이 왕위를 이어받게 되어 있었다고 합시다. 그런데 어느 날 아버지가 "막내 왕자는 아직 어리지만 매우 훌륭한 왕의 자질을 타고났기에 그가 새 왕이 되었으면 좋겠다."고 말했습니다.

이런 상황에서 여러분이 맏아들이라면 어떻게 하겠습니까? 만약 아버지를 신뢰하지 않고 존중하지도 않는다면 그 말씀을 무시할 수 있습니다. 혹여 아버지의 뜻에 따라 왕위를 양보한다 해도 한편으로는 불편한 마음과 서운함이 있을 수 있지요.

그러나 진정 아버지를 사랑하며 그 말씀에 순종하기를 원한다면 아버지가 한 판단을 믿어 드리며 기꺼이 왕위를 양보할 것입니다. 또한 어찌하든 막내의 부족함을 채워 주어 그가 훌륭한 왕이 되도록 돕겠지요. 아버지를 신뢰하며 사랑하기에 '어떻게 하면 온전히 순종하여 그 말씀을 보장하여 드릴 수 있을까' 하는 생각만 떠오르는 것입니다.

우리가 신앙생활 할 때도 마찬가지입니다. 하나님께서 때로는 불가능해 보이는 일을 명하시는 경우가 있습니다. 이때 육신의 생각이 있으면 순종할 수 없는 이유를 먼저 떠올리게 되고 이런 생각을 가지고는 설령 순종한다 해도 그저 겉모양뿐입니다.

그러나 하나님을 신뢰하고 사랑하며 육신의 생각을 버린 사람은 성령의 역사 가운데 하나님께서 그와 같이 명하시는 이유를 깨달을 수 있습니다. 하나님의 뜻을 이루어 드릴 수 있는 방법론까지 깨우쳐 온전한 순종의 열매를 내놓을 수 있지요. 이처럼 우리가 육신의 생각을 버릴 때 하나님이 주시는 영적인 믿음이 오고 말씀에 순종하여 하나님의 역사를 체험할 수 있습니다.

육신의 생각을 버리려면

그러면 영적인 믿음을 갖지 못하게 방해하며 불순종의 죄를 범하게 하는 육신의 생각을 버리기 위해서는 어떻게 해야 할까요?

첫째, 모든 죄와 악을 버리고 영의 사람이 되어야 합니다

어떤 상황에서 '싫다. 밉다. 서럽다. 힘들다.'는 생각이 떠올랐다면 육신의 생각에 해당합니다. 이러한 생각이 떠오를 때에 '아니야, 내 생각이 틀릴 수 있어!' 하고 거기서 멈춰야 합니다. 육신의 생각을 하면

할수록 자신만 더 힘들어집니다. 그러니 그 생각을 진전시키지 않고 일단 멈추는 것이 중요합니다.

그런 다음에는 처음에 떠올랐던 육신의 생각의 뿌리를 파악해야 합니다. '싫다. 밉다.'는 생각이 떠올랐다면 내 안에 아직 '미움'이 있다는 증거입니다. 또한 무시하는 말 때문에 상처를 받았다면 '자존심'이나 '교만'이 있다는 증거가 될 수 있습니다. 이렇게 뿌리에 해당하는 악을 발견하여 버려야 합니다.

악을 버리기 위해서는 어떻게 해야 할까요? 성경 66권 하나님 말씀을 부지런히 마음에 양식 삼고 행해야 합니다. 이를 통해 자기 마음 안에 있는 '미움, 혈기, 시기, 판단, 정죄, 교만' 등의 비진리를 빼내고 '선, 사랑, 섬김, 화평' 등의 진리로 채워나가야 하지요. 물론 이 과정이 저절로 이루어지지는 않습니다.

예를 들어, 누군가를 미워하던 사람이 '원수도 사랑하라'는 하나님 말씀을 들었다고 합시다. 이 말씀을 듣고 알았다 해서 곧바로 미움이 버려지고 진리로 행할 수 있는 것이 아닙니다. 또 원수를 사랑하게 해달라고 기도만 한다 해서 행할 수 있는 것도 아니지요. 미움이라는 비진리를 빼내기 위해서는 먼저 비진리 가운데 살았던 예전 모습을 벗어 버리려는 결단이 있어야 합니다. 자신의 악함을 철저히 뉘우치고 결코 예전의 모습으로 돌아가지 않으리라는 굳은 각오와 노력이 있어야 하지요.

　그러면서 기도하고 금식하여 하나님의 은혜와 능력을 받으면 미움이라는 속성이 뽑아지고 대신 사랑이 채워집니다. 그 밖에도 여러 진리의 지식을 배워 마음을 진리로 채워 가는 만큼 미움, 다툼, 시기, 교만, 혈기, 간음 등 각종 비진리가 버려집니다.

　이처럼 하나님 말씀을 듣는 대로 최선을 다해 순종하는 만큼 비진리가 신속히 버려지며 비진리를 온전히 벗어 버린 사람에게는 육신의 생각이 전혀 동원되지 않습니다. 이런 사람은 오직 영의 생각만 하며 성령의 음성과 주관을 좇아 순종하므로 항상 하나님의 역사를 체험하게 됩니다.

둘째, 자신의 생각을 매 순간 진리의 생각으로 채워 나가야 합니다

　사람을 대하거나 어떤 일을 보고 들을 때에 자기 입장에서 생각하며 판단, 정죄하지 말고 항상 진리로 대응하려고 노력해야 합니다. 어떤 말을 듣거나 사람을 대할 때 내가 선과 사랑, 진실함으로 대했는지 끊임없이 스스로를 돌아보아 변화되어야 합니다.

　가령, 누군가에게 책망을 들었다면 여러분은 어떤 생각을 합니까? 자신이 잘못하여 책망받았다면 당연히 감사함으로 받고 즉시 돌이켜 변화되어야 합니다. 애매히 책망을 받았다 해도 하나님은 모든 일을 아시니 상대에게 서운해하거나 감정을 품을 이유가 없습니다. 감사함으로 받으며 하나님 앞에 맡기면 혹여 오해가 있었다 해도 풀어지고 어떤 해를 입었다 해도 축복으로 바뀔 것이니 마음이 평안하고 기쁩니다.

그러나 육신의 생각이 있는 사람은 책망을 들은 그 자체로 심히 마음이 요동하고 고통을 받습니다. 자신의 부족함에 낙심하여 기운을 잃기도 하고 책망한 상대에게 감정을 품기도 합니다. 자신에게 이런 비진리의 생각이 있다면 즉시 영의 생각으로 바꾸어야 합니다. 기뻐하고 감사하며 긍정적인 생각만 함으로 육신의 생각이 내 안에 발 붙일 곳이 없도록 해야 하지요. 이처럼 매 순간 진리의 생각으로만 자신을 채워 나가면 육신의 생각이 사라지고 마음 깊은 곳에서 솟아나는 성령의 음성을 듣게 됩니다.

우리가 육신의 생각을 버리고 영의 생각만 하면 성령의 음성을 밝히 들을 수 있습니다. 성령은 전지전능하신 하나님의 마음을 통달하시며 우리에게 하나님의 뜻을 밝히 알려 주십니다(고전 2:10 ; 요 16:13). 그러니 성령의 음성을 잘 듣고 순종해 나가면 하나님께서 예비하신 축복을 마음껏 누릴 수 있습니다.

하나님의 나라에서는 '누가 먼저 주를 믿었는가, 누가 더 말씀을 많이 알며 직분이 높은가' 는 중요하지 않습니다. '얼마나 악을 버리고 성결되었으며 얼마나 진리, 곧 영의 사람이 되었는가' 하는 것이 하나님 앞에 인정받는 척도가 됩니다.

이사야 55장 8~9절에 "여호와의 말씀에 내 생각은 너희 생각과 다르며 내 길은 너희 길과 달라서 하늘이 땅보다 높음같이 내 길은

너희 길보다 높으며 내 생각은 너희 생각보다 높으니라” 말씀하셨습
니다. 그러므로 영적인 믿음을 소유하는 데 방해되는 육신의 생각을
온전히 깨뜨려 버려야 하겠습니다. 이로써 하나님을 기쁘시게 하여 마
음에 기쁨과 평안을 누리며 모든 소원을 이루어 하나님께 영광 돌리
시기 바랍니다.

글씨가 보여요

'폐용성 약시'로 왼쪽 눈의 시력이 나오지 않는 자매가 있었습니다. 이 병명은 초등학교 4학년 신체검사 때, 이상 증세가 발견되어 병원을 찾아 알게 되었습니다. 수술해도 시력이 0.2 정도밖에 되지 않을 것이라고 해서 수술을 포기하고 특수 압축 안경을 착용했습니다. 그런데 그나마 좋던 오른쪽 눈마저 시력이 0.6으로 떨어졌습니다. 이로 인해 공부에 집중하기 어려웠고 스트레스가 쌓이면서 TV 드라마 시청과 인터넷 쇼핑 등으로 현실을 회피하려 했습니다.

신앙생활 하는 가족은 그녀와 함께 예배를 드리며, 어찌하든 하나님께로 돌아오도록 사랑으로 이끌었습니다. 그녀는 차츰 말씀에 은혜를 받아 변화되기 시작했고 점차 공부도 잘하고 천국을 사모하게 됐습니다.

2009년 10월, 대전만민교회에서 '성령충

만 은사집회'가 열렸습니다. 그녀는 친구들과 어울려 세상 오락에 재미 붙인 것을 회개하며 사모함으로 준비했습니다. 드디어 집회 시간, 강사인 이희선 목사가 권능의 손수건(행 19:11~12)으로 기도해 주자 감동이 임했습니다. 눈물이 나면서 먼저 마음의 상처가 치유되는 것 같았습니다. 그동안 받은 상처, 서운함, 혈기 등 좋지 않은 마음들이 사라짐을 느꼈지요.

기도가 끝난 뒤 오른쪽 눈을 가리고 왼쪽 눈을 떴습니다. 그때 단 앞의 플래카드 글씨가 또렷하게 보이는 것이 아닙니까. 그녀는 그 자리에 주저앉아 엉엉 울었습니다. 자신을 버겁게 했던 모든 것이 훨훨 날아가는 순간이었습니다.

11월, 다시 안과병원을 찾아 검사한 결과, 양안 시력 1.2였습니다. 원장은 "의학적으로 회복하기는 불가능한 일인데 기적이라고 할 수밖에 없네요."라고 말했습니다. 며칠 뒤 그녀는 서울에 올라와 간증을 했고 제가 기도를 해 주었는데 또 놀라운 일이 일어났습니다. 극심한 난시와 이로 인한 두통까지 깨끗하게 치료받은 것입니다.

할 수 있거든이 무슨 말이냐

예수께서 이르시되 할 수 있거든이 무슨 말이냐
믿는 자에게는 능치 못할 일이 없느니라 하시니
…

귀신이 소리 지르며 아이로 심히 경련을 일으키게 하고 나가니
그 아이가 죽은 것같이 되어 많은 사람이 말하기를 죽었다 하나
예수께서 그 손을 잡아 일으키시니 이에 일어서니라

마가복음 9:23~27

세상을 살아가다 보면 기쁘고 좋은 일만 있는 것이 아닙니다. 때로는 슬프고 마음 아픈 일, 주변으로부터 아무 도움도 받을 수 없는 막막한 일을 만나기도 합니다. 불치, 난치병으로 고통받거나 사업터, 일터의 문제로 한 가닥 희망조차 없어 보일 때도 있지요. 겉으로는 아무 문제가 없어 보이는 사람도 자녀 문제, 부부간의 갈등 등 말못할 문제로 고민하는 경우가 많습니다.

이러한 인생의 문제 앞에서 능치 못할 일이 없으신 하나님의 능력을 체험하며 형통한 삶을 누리기 위해서는 어떻게 해야 할까요?

입술 고백의 중요성

마가복음 9장에 보면 벙어리 귀신 들린 아들을 둔 한 아비가 나옵니다. 그는 예수님께 "귀신이 저를 죽이려고 불과 물에 자주 던졌나이다 그러나 무엇을 하실 수 있거든 우리를 불쌍히 여기사 도와주옵소서"(막 9:22)라고 하지요.

아이의 아버지가 "하실 수 있거든 도와주소서"라고 말한 것은 온전한 믿음의 고백이 아니었습니다. 예수님께서는 어떤 것은 하실 수 있고, 어떤 것은 하실 수 없는 분이 아니라 무엇이든 하실 수 있기 때문입니다. 이는 그가 믿음 없이 요행을 바라고 나왔음을 보여 주지요. 예수님께서는 이를 깨우쳐 주기 위해 "할 수 있거든이 무슨 말이냐 믿는 자에게는 능치 못할 일이 없느니라"(막 9:23)라고 말씀하십니다.

그러자 그는 "내가 믿나이다 나의 믿음 없는 것을 도와주소서"라고 구했습니다. 그러면 아이의 아버지는 왜 "내가 믿나이다!" 해놓고는 바로 "나의 믿음 없는 것을 도와주소서" 했을까요? 정말 믿는다면 믿음 없는 것을 도와 달라고 할 필요가 없습니다. 따라서 처음에 "내가 믿나이다" 한 것은 육적인 믿음으로 자신이 들어서 아는 지식적인 믿음에 불과했던 것입니다.

그는 예수님의 소문을 들어 잘 알고 있었습니다. 귀신을 쫓아내며 소경의 눈을 뜨게 하고, 귀머거리로 듣게 하며, 벙어리로 말하게 하는 등 놀라운 역사를 베푸시는 분임을 들었지요. 이렇게 단지 들어서 알고 있는 지식적인 믿음으로 "믿는다"라고 했을 뿐입니다.

그러나 마음에 믿어지는 믿음이 아니었기에 "나의 믿음 없는 것을 도와주소서"라고 간청합니다. 막상 아들의 문제를 응답받을 수 있는 영적인 믿음이 자신에게 없음을 깨닫고, 마음에 믿어지는 영적인 믿음을 주시라고 간구했던 것입니다.

이처럼 겸비한 자세로 간구하자 예수님께서는 "벙어리 되고 귀먹은 귀신아 내가 네게 명하노니 그 아이에게서 나오고 다시 들어가지 말라"고 명하셨고 즉시 귀신이 나갔습니다.

하나님께서 인정하시는 믿음은 자기 지식에 맞지 않아도 하나님 말씀이면 다 믿으며 무에서 유를 창조하는 영적인 믿음입니다. 그런데 유의해야 할 점은 응답에 대한 영적인 믿음이 오지 않는다 해서 무조건 입술로 부정해서는 안 된다는 사실입니다. 항상 긍정적인 고백을 하며 응답받을 믿음이 올 때까지 기도해야 하나님께서 믿어지는 영적인 믿음을 위로부터 주십니다.

믿음으로 응답받으려면

우리가 하나님이 인정하시는 믿음을 소유하여 문제를 해결받고 하나님의 능력을 나타내려면 구체적으로 어떻게 해야 할까요?

첫째, 하나님과 죄의 담이 없어야 합니다

요한일서 1장 5절에 "우리가 저에게서 듣고 너희에게 전하는 소식이 이것이니 곧 하나님은 빛이시라 그에게는 어두움이 조금도 없으시니라" 말씀했습니다. 하나님은 어둠이 조금도 없는 빛 자체이십니다. 죄는 빛과 반대되는 어둠입니다. 행함으로 짓는 죄뿐 아니라 생각이나 마음으로 짓는 모든 죄도 어둠에 속합니다. 빛이신 하나님께서는 어둠을 매우 싫어하십니다.

이사야 59장 1~2절을 보면 "여호와의 손이 짧아 구원치 못하심도 아니요 귀가 둔하여 듣지 못하심도 아니라 오직 너희 죄악이 너희와 너희 하나님 사이를 내었고 너희 죄가 그 얼굴을 가리워서 너희를 듣지 않으시게 함이나" 했습니다. 이 말씀대로 하나님과 막힌 죄의 담이 있으면 기도해도 응답받을 수 없습니다.

따라서 하나님께 응답받기 위해서는 먼저 회개하여 죄의 담을 헐어야 합니다. 이와 함께 어둠인 죄를 버리기 위해 힘써 노력해야 하지요. 죄를 버리기 위해 열심히 기도하며 노력할 때 성령께서 도와주시고 하나님께서 은혜와 능력을 주시므로 마음에 있는 죄성까지 다 뽑아 버릴 수 있습니다. 그리하면 죄에 대해 생각하는 것조차 싫어집니다. 자연히 어둠에서 나와 빛 가운데 살게 되며, 마음에서 어둠이 사라지는 만큼 위로부터 믿어지는 영적인 믿음이 옵니다.

둘째, 하나님의 뜻을 좇아야 합니다

하나님을 사랑하면 그분의 뜻을 좇는 것이 당연합니다. 몸과 마음과 뜻과 정성, 지혜와 물질 등 자신이 가진 것을 다하여 하나님의 뜻을 좇게 됩니다. 내가 아무리 좋아하는 것이라도 하나님의 뜻이 아니면 하지 않습니다. 아무리 힘든 일이라 해도 하나님의 뜻이면 기쁨과 감사함으로 순종합니다.

요한일서 5장 3절을 보면 "하나님을 사랑하는 것은 이것이니 우리가 그의 계명들을 지키는 것이라" 말씀했습니다. 하나님을 사랑하는 증거는 그의 계명, 곧 성경에 "하라, 하지 말라, 버리라, 지키라" 하신 말씀대로 순종하는 것입니다.

"나의 계명을 가지고 지키는 자라야 나를 사랑하는 자니 나를 사랑하는 자는 내 아버지께 사랑을 받을 것이요 나도 그를 사랑하여 그에게 나를 나타내리라"(요 14:21) 말씀하신 대로 하나님께서는 기쁨으로 계명을 지키는 사람과 함께해 주십니다. 하나님 뜻대로 행하기 때문에 그의 마음에는 믿어지는 믿음이 주어지고 "네 믿음대로 되라" 하신 말씀이 그대로 이루어집니다.

셋째, 하나님을 기쁘시게 해 드려야 합니다

시편 37편 4절에 "여호와를 기뻐하라 저가 네 마음의 소원을 이루어 주시리로다" 말씀했습니다. 여호와를 기뻐한다는 것은 여호와로 인해서 기뻐하고 즐거워한다는 의미입니다. 여기서 말하는 기쁨은 자기 유익에 맞는 일이 생겼을 때 육적인 감정 속에서 기뻐하는 것이 아닙니다. 성령의 충만함 가운데 누리는, 하나님께서 주시는 참된 기쁨입니다.

어떻게 하면 이러한 기쁨을 누릴 수 있을까요? 우리가 먼저 하나님을 기쁘시게 하면 됩니다. 그렇게 할 때 하나님께서도 그 기쁨을 돌려 주시므로 참된 기쁨이 임합니다. 성경에는 하나님을 기쁘시게 하는 일에 대해 많이 나옵니다.

하나님께서는 모든 선행과 중심에서 드린 예물을 기뻐하십니다. 신령과 진정으로 예배하고 하나님을 높여 찬양하는 것을 기뻐하시지요. 그 밖에 열심히 복음을 전하며 무엇을 하든지 하나님 영광을 위해 할 때 기뻐하십니다. 우리가 이렇게 하나님을 기쁘시게 하면 불가능을 가능케 하는 믿음이 위로부터 주어집니다.

물론 악은 모든 모양이라도 버리고 모든 분야에 충성해 나갈 때라야 온전히 하나님을 기쁘시게 할 수 있습니다. 하지만 아직은 좀 부족하다 해도 자신의 믿음 안에서 하나님을 기쁘시게 하면 그 순간만큼은 하나님께서 무엇이나 할 수 있다는 믿음을 주십니다. 이러한 믿음을 가지면 마음의 소원이나 어떤 문제라도 응답받을 수 있습니다.

응답받는 과정

우리가 믿음으로 응답받고 문제를 해결받는 데에는 꼭 필요한 과정이 있습니다. 앞서 언급한 마가복음 9장 14~29절 말씀을 통하여 응답받는 과정을 살펴보겠습니다.

첫째, 긍정적인 고백이 있어야 합니다

귀신 들린 아들 때문에 심한 고통을 받아왔던 아버지는 영적인 믿음이 없이 예수님께 "무엇을 하실 수 있거든 우리를 불쌍히 여기사

도와주옵소서” 하였습니다. 이에 예수님께서 “믿는 자에게는 능치 못할 일이 없느니라” 하시자 즉시 “내가 믿나이다” 하며 긍정적인 믿음의 고백을 합니다.

물론 마음에 믿어지는 영적인 믿음으로 고백한 것은 아닙니다. 예수님은 능치 못할 일이 없는 분이라는 소문을 들어 머리로 알고 있는 믿음을 고백한 것에 불과합니다. 비록 그에게 영적인 믿음은 없었지만 긍정적인 입술의 고백이 마음에 믿어지는 믿음의 촉진제가 되어 응답으로 이어졌습니다.

이처럼 긍정적인 고백은 매우 중요합니다. 진정한 믿음의 고백은 설령 지금 당장 이루어지지 않았다 해도 이미 이루어진 줄로 믿고 하는 것이기에 하나님께서 그대로 이루어 주십니다. 또 믿음의 고백을 한 사람은 그것을 이루기 위해 자기 편에서도 끊임없이 기도하며 행하기 때문에 결국 믿음대로 이루어집니다.

둘째, 영적인 믿음을 소유해야 합니다

아이의 아버지는 마음에 믿어지는 영적인 믿음을 갈망하며 “나의 믿음 없는 것을 도와주소서”(막 9:24)라고 부르짖었습니다. 앞서 “믿나이다” 고백했지만 중심에서 믿지는 않았기에 믿음 없음을 도와 달라고 간청한 것입니다.

지식적인 믿음은 하나님 말씀을 듣고 아는 만큼 스스로 가질 수 있지만 마음에 믿어지는 영적인 믿음은 하나님께서 주셔야 합니다. 하나님 말씀을 지켜 순종하는 만큼 마음의 성결을 이루게 되며, 하나님은 그런 사람에게 마음에 믿어지는 참 믿음을 주십니다. 아이의 아버지는 이러한 영적인 믿음을 갖기 위해 예수님께 믿음 없는 것을 도와달라고 했습니다.

그의 진실된 성품, 마음을 다한 간구와 행함을 보신 예수님께서는 믿어지는 믿음을 주십니다. 이렇게 영적인 믿음이 주어지니 그 믿음대로 응답받을 수 있었습니다. 예수님께서 더러운 귀신을 꾸짖으며 아이에게서 나오라 하시니 귀신이 소리 지르며 나갔지요(막 9:25~27).

셋째, 부르짖는 기도가 있어야 합니다

하나님은 "너는 내게 부르짖으라 내가 네게 응답하겠고 네가 알지 못하는 크고 비밀한 일을 네게 보이리라"(렘 33:3) 약속하셨습니다. 성경을 보면 구약의 선지자들도, 예수님도, 신약의 사도들도 부르짖어 기도하여 문제를 해결받았습니다. 부르짖는 기도가 있어야만 마음에 믿어지는 믿음이 오고 응답받을 수 있는 자격을 갖추게 됩니다.

이때 중요한 것은 응답이 올 때까지 기도를 계속해야 한다는 점입니다. 조금 기도하다가 응답이 오지 않는다 해서 포기하면 안 됩니다. 기도하고 구하는 것은 받은 줄로 믿어야 하지요(막 11:24).

이러한 믿음을 가지면 설령 응답이 좀 더디 온다 해도 실망하지 않으며 응답될 때까지 변함없는 믿음으로 기도합니다. 하나님께서는 그 믿음과 정성을 보고 반드시 응답해 주십니다. 귀신 들린 아이의 아버지는 포기하지 않고 끝까지 부르짖었기에 응답받을 수 있었습니다.

이처럼 아는 데에서 그치는 지식적인 믿음이 아니라 중심에서 믿는 영적인 믿음을 소유하고 긍정적인 고백과 부르짖는 기도를 할 때 응답받을 수 있습니다.

믿는 자에게는 능치 못할 일이 없느니라

사람의 힘과 능력으로는 불가능한 일도 전지전능하신 하나님께서는 하실 수 있습니다. 불치병이나 가정, 직장, 사업터의 어떤 문제라 할지라도 하나님께서는 완벽하게 해결해 주십니다. 단, 우리가 하나님 앞에 영적인 믿음을 갖고 나올 때라야 하나님의 역사를 체험할 수 있습니다.

성경을 보면 믿음의 선진들은 사람으로서는 할 수 없는 놀라운 일들을 수없이 행했습니다. 그런데 이는 성경 속에서만 볼 수 있는 일이 아닙니다. 오늘날에도 하나님의 역사는 우리 삶 속에 끊임없이 나타납니다.

우리 성도 가운데는 암, 결핵, 중풍, 뇌성마비, 디스크, 관절염, 백혈병 등 불치, 난치병으로 죽음을 기다리다 믿음으로 깨끗이 치료받은 경우가 많습니다. 귀신 들린 사람이 온전케 되고 소아마비에 의해 또는 교통사고 등 각종 사고로 평생을 불구로 살아야 했던 사람들도 기도받고 그 자리에서 일어나 걷고 뛰었습니다.

심한 화상을 입은 사람이 기도받은 즉시 화기가 물러가고, 빠른 시간 내에 흉터 없이 깨끗하게 치료되었습니다. 뇌출혈이나 연탄가스 중독 등으로 의식이 없고 몸이 굳은 사람들이 기도받은 즉시 깨어나고 후유증 없이 온전해졌습니다.

5년, 10년, 20년 동안 잉태하지 못했던 사람이 기도받고 잉태하여 건강한 아이를 낳은 경우도 많습니다. 이 외에도 보지 못하고 듣지 못하며 말하지 못하던 사람들이 온전해져 하나님께 크게 영광을 돌렸습니다.

이처럼 놀라운 하나님의 권능은 단지 치료의 역사에만 국한되지 않습니다. 억수같이 쏟아지던 비가 기도하니 즉시 멈추었습니다. 뜨거운 햇볕이 내리쬘 때 구름이 몰려와 가려 주고, 태풍이 물러가는 등 천기까지도 움직였습니다. 매년 열리는 우리 교회의 하계수련회 때는 전국이 태풍이나 장마로 큰 피해를 입어도 수련회 장소만은 비가 내리지 않았습니다.

그런가 하면 일반적으로 비 온 뒤에나 볼 수 있는 무지개를 맑은 하늘에서 수없이 보았지요. 하나님께서 이러한 역사를 통해 성경이 참임을 보이심으로써 성도들로 하여금 참 믿음을 갖도록 하신 것입니

다. 불가능이 없는 하나님을 온전히 믿음으로 삶 속에서 하나님의 권

능을 항상 체험하여 영광 돌리시기 바랍니다.

인터넷 중독에서
벗어나니
마음 안에
주님 사랑이

초등학교 3학년 때 컴퓨터 게임을 접한 후 걷잡을 수 없이 빠져든 학생이 있었습니다. 그는 선천적으로 오른쪽 눈이 보이지 않아 친구들에게 오해와 놀림을 받기 일쑤였습니다. 사춘기에 접어들면서 눈으로 인한 스트레스는 더욱 커갔습니다.

그는 점점 깊은 어둠으로 빠져들어 갔습니다. 주일에도 PC방에서 보내는 일이 많아졌습니다. 꿈과 소망이 없이, 머릿속은 늘 죽고 싶은 생각으로 가득했습니다. 학교 성적도 바닥이었습니다.

그런 그가 2008년 7월, 교회 하계수련회에 참석하여 성령의 역사를 체험합니다. 찬양을 통해 하나님의 놀라운 은혜가 임했지요.

'세상 오락, 음악, 인터넷, 음란물 등이 내게 무슨 유익이 있나… 헛되고 헛될 뿐이다.'

마음이 뜨거워지면서 세상 오락을 끊

을 수 있는 힘과 능력이 주어졌습니다. 핸드폰에 저장해 놓은 대중가요를 지우고 컴퓨터 안에 있던 모든 게임 프로그램을 삭제했습니다. 죄의 멍에를 벗어 버린 시원함과 후련함. 그의 입에서는 찬양이 끊이지 않았으며 마음 가득 하나님과 주님에 대한 사랑이 채워졌습니다.

그의 삶은 180도 달라졌습니다. 신령과 진정으로 예배드리고 들은 말씀을 마음에 새겨 행하려고 노력했습니다. 학생의 본분은 공부임을 깨닫고 열심히 공부하여 성적도 크게 올랐습니다. 학급에서 1~2등을 하고 고등학교 3학년 때는 여러 분야에서 상도 받았습니다.

졸업할 때는 성적이 우수하고 품행이 단정한 학생으로 선발돼 국회의원상을 수상했습니다. 그는 어둡던 마음을 생명의 빛으로 변화시켜 주신 하나님께 늘 감사하며 살아갑니다.

Chapter 4

하나님을 기쁘시게 하는 믿음

예수님의 수제자 베드로

변개함이 없는 믿음

성장하는 믿음

열매를 내는 믿음

믿음이 없이는 기쁘시게 못하나니
하나님께 나아가는 자는 반드시 그가 계신 것과
또한 그가 자기를 찾는 자들에게
상 주시는 이심을 믿어야 할지니라

히브리서 11:6

하나님께서는 우리가 믿음으로 구할 때 응답하시며, 믿음으로 행한 모든 것에 하늘의 상급으로 갚아 주십니다. 믿음이 응답과 축복의 척도가 되기 때문에 '얼마나 많은 일을 하는가' 보다는 '얼마나 참된 믿음으로 하는가' 가 더 중요합니다.

똑같이 하나님의 일을 한다 해도 단지 자기 열심과 성실로써 하는 사람과 믿음을 가지고 중심에서 기뻐하고 감사하며 하는 사람은 그 열매가 다릅니다. 같은 충성을 해도 얼마나 하나님을 기쁘시게 하는 믿음으로 했느냐에 따라 하늘의 상급이 다르며, 이 땅에서 받는 응답과 축복도 다르지요.

예수님의 수제자 베드로

반석이란 뜻의 '베드로' 는 예수님께서 시몬에게 주신 이름입니다. 그는 본래 야고보, 요한 형제와 동생 안드레와 함께 갈릴리 바다에서 고기를 잡는 어부였습니다. 그가 예수님의 제자가 되기 전의 일입니다.

누가복음 5장을 보면 밤새 수고하였지만 아무것도 잡지 못한 베드로에게 예수님께서 "깊은 데로 가서 그물을 내려 고기를 잡으라" 말씀하셨습니다. 베드로는 고기잡는 일에 전문가였지만 자기의 생각과 이론을 앞세우지 않고 예수님 말씀에 순종했습니다. 그가 말씀에 의지하여 다시 바다로 나갔을 때 그물이 찢어질 정도로 많은 고기를 잡을 수 있었지요.

마태복음 17장 24~27절에도 그가 예수님 말씀에 무조건 순종하는 모습이 나옵니다. 사람들이 하나님의 아들이신 예수님께 성전세를 받으려고 했습니다. 예수님은 화평을 위해 베드로에게 "네가 바다에 가서 낚시를 던져 먼저 오르는 고기를 가져 입을 열면 돈 한 세겔을 얻을 것이니 가져다가 나와 너를 위하여 주라" 말씀하셨습니다. 베드로는 그대로 순종합니다. 그가 자신의 경험과 생각을 동원했다면 그 말씀에 순종하지 못하고 당연히 순종에 따른 축복을 체험할 수도 없었을 것입니다.

예수님께서는 믿음으로 이루어야 할 일에는 꼭 베드로를 보내셨습니다. 마태복음 21장 1~3절을 보면 예수님께서 맞은편 마을로 가서 매어 있는 나귀와 나귀 새끼를 끌고 오라 명하십니다. 그는 그때에도 아무 이의를 달지 않고 순종하였습니다. 예수님을 경외하고 사랑하며 그 능력을 믿었기에 온전히 순종할 수 있었습니다.

이처럼 베드로는 늘 순종하는 자세였기에 예수님께서 물 위를 걸어오실 때에 잠시나마 물 위를 걷기도 하였습니다. 그가 육신의 생각을 동원하지 않고 순종하니 하나님께서는 위로부터 믿어지는 영적인 믿음을 주셨습니다.

예수님께서 십자가 죽음을 앞두고 모든 제자들이 자기를 버릴 것이라고 말씀하셨을 때 베드로는 "다 버릴지라도 나는 그렇지 않겠나이다"라고 대답했습니다. 그러나 예수님께서는 "오늘 닭 울기 전에 네가 세 번 나를 모른다고 부인하리라" 말씀하셨습니다. 그 말씀대로 예수님이 잡히시자 베드로는 세 번이나 예수님을 모른다고 부인하였습니다. 새벽 무렵 닭이 울자 그는 예수님 말씀이 생각나서 밖에 나가 심히 통곡하며 회개하였지요.

그 후 갈릴리 바닷가로 돌아간 베드로에게 부활하신 주님께서 찾아오셨습니다. 주님은 베드로의 실수와 허물을 기억지 않고 그에게 많은 영혼을 구원할 귀한 사명을 주셨습니다.

오순절 마가의 다락방에서 성령을 받은 베드로는 삼천 명이나 회개시키는 힘 있는 설교를 하였습니다. 앉은뱅이에게 "나사렛 예수 그리스도의 이름으로 걸으라" 하며 오른손을 잡아 일으키니 걷고 뛰는 놀라운 역사가 나타났습니다. 그는 큰 권능으로 하나님의 살아 계심을 나타내고 하나님의 나라를 확장해갔습니다.

베드로는 핍박 속에서도 요한과 함께 복음을 전하다가 세 번이나 투옥되었으며, 결국 십자가에 거꾸로 달려 순교하였습니다. 성격이 급하고 실수가 많았던 시몬 베드로, 그가 예수님의 수제자로, 초대교회의 용기 있는 지도자로 변화된 것은 진실한 회개, 순종의 행함과 하나님을 기쁘시게 하는 믿음이 있었기 때문입니다.

예수님의 수제자 베드로처럼 성령을 받고 권능을 받아 하나님의 일을 크게 이루며 열매를 맺으려면 어떤 믿음을 가져야 할까요?

변개함이 없는 믿음

변개함이 없다는 것은 단순히 처음과 나중이 똑같다는 말이 아닙니다. 시간이 지날수록 처음보다 믿음이 커지고 더 온전해질 때라야 변개함이 없다 할 수 있지요.

많은 사람이 주님을 영접하고 성령을 받으면 그 누구도 줄 수 없는 사랑을 받았다는 사실에 기뻐하고 행복해합니다. 하나님이 지으신 풀 한 포기, 작은 돌 하나도 소중하고 사랑스럽게 여깁니다. 늘 기쁨과 감사의 찬송을 하는가 하면 만나는 이마다 자신이 아는 하나님과 천국에 대해 전합니다. 변개하지 않는 믿음으로 이렇게 계속 달려간다면 하나님의 큰 은혜와 사랑을 받을 수 있습니다.

그런데 시간이 흐르면서 또는 이런저런 연단을 겪다 보니 믿음이 변하는 경우가 있습니다. 처음에 가졌던 감사와 기쁨이 사라지고 하나님을 위한 충성과 열정도 식어집니다. 오히려 세상에 마음을 두고 세월을 보내기도 합니다.

이러한 변개함에 대해 '누가 이래서, 상황이 저래서' 등 외적인 데 원인을 두어서는 안 됩니다. 원인은 바로 자기 안에 있으며 이는 내 안에 그만큼 진리가 임하지 않았다는 증거가 됩니다. 곧 진실하지 않다는 말로서, 이런 사람은 자기 유익을 좇아 수시로 변개합니다.

예를 들어, 어떤 계약을 맺었는데 얼마 후에 더 큰 유익이 되는 제안이 왔습니다. 이때 망설임 없이 그 편을 택하는 사람이 있습니다. 어떤 사람은 진리를 알기 때문에 선뜻 바꾸지는 않아도 변개하는 속성이 있으므로 '이럴까 저럴까' 계속 갈등을 합니다. 그러다 결국 더 유익이 되는 쪽으로 변개하는 경우도 있습니다.

어떤 사람은 '이렇게 해야 하나님 나라에 더 유익이니까, 이렇게 하면 모두에게 더 좋으니까' 라는 이유를 대면서 합리화합니다. 물론 처음에 정한 것을 바꿈으로써 더 유익이 되고 더 많은 사람에게 좋을 수도 있습니다. 그러나 그것은 어디까지나 사람 보기에 유익이 되고 좋을 뿐입니다. 하나님은 설령 불이익을 당할 것이 불 보듯 분명하다 해도 한 번 정한 마음을 변개치 않고 지키는 사람을 기뻐하며 합력하여 더 좋은 것으로 갚아 주십니다.

변개함은 여러 분야에서 드러납니다. "더 기도해야지, 더 공부해야지" 하며 마음에 결심했던 일이라도 얼마나 신실하게 지켰는지 자신을 점검해 보아야 합니다. '이런 것쯤이야' 하며 변개하고 대수롭지 않게 넘기는 것이 아니라 작은 일 하나에서부터 마음을 지켜 나가야 합니다. 기대하는 만큼 열매가 나오지 않으면 낙심하는 마음도 변개함이 있기 때문입니다.

야고보서 1장 6~8절에 "오직 믿음으로 구하고 조금도 의심하지 말라 의심하는 자는 마치 바람에 밀려 요동하는 바다 물결 같으니 이런 사람은 무엇이든지 주께 얻기를 생각하지 말라 두 마음을 품어 모든 일에 정함이 없는 자로다" 말씀했습니다. 어떤 상황에서도 좌절하지 말고 변개함이 없는 정한 마음을 가져야 응답받을 수 있습니다. 변개함이 없는 마음은 악을 버리고 성결을 이루는 데에도 매우 중요합니다.

예를 들어, 어떤 사람은 자신에게서 악의 모양이 드러나면 충만함을 잃고 낙심합니다. 입으로는 '자신을 발견하여 악은 모양이라도 버리고 변화되기를 원한다'고 기도하지만 막상 악이 발견되면 힘을 잃습니다. 성결한 마음을 이루기 위해서는 자신의 악이 발견될 때에 기뻐하고 감사하며 그것을 버리기 위해 변함없이 기도해야 합니다. 이런 과정을 통해 악은 모양이라도 버릴 수 있습니다. 결국 변개함이라는 속성을 버리는 만큼 신속히 진리의 사람이 됩니다.

그러므로 하나님을 기쁘시게 하는 믿음을 소유하려면 작은 것 하나에서부터 변개하려는 속성을 뿌리째 뽑아내야 합니다. 무엇보다 마음을 굳게 지키고, 변개함을 버리기 위해 끊임없이 기도하며 노력해야 하지요. 변함없는 믿음으로 날이 갈수록 더 뜨겁게 노력해갈 때 하나님께서 그 믿음을 기뻐하시고 신속히 버릴 수 있도록 은혜와 능력을 주십니다.

성장하는 믿음

히브리서 10장 38~39절을 보면 "오직 나의 의인은 믿음으로 말미암아 살리라 또한 뒤로 물러가면 내 마음이 저를 기뻐하지 아니하리라 하셨느니라 우리는 뒤로 물러가 침륜에 빠질 자가 아니요 오직 영혼을 구원함에 이르는 믿음을 가진 자니라" 말씀했습니다.

하나님이 기뻐하시는 믿음은 결코 제자리걸음 하거나 뒤로 물러서는 것이 아닙니다. 자녀가 성장하지 못하고 멈춰 있다면 부모가 얼마나 고통을 받겠습니까. 믿음도 마찬가지입니다. 하나님께서는 사랑하는 자녀들의 믿음이 계속 성장하여 그리스도의 장성한 분량에까지 이르러 온전한 사람이 되기를 간절히 원하십니다.

요한일서 2장에는 성장하는 믿음에 대한 구체적인 설명이 있는데 사람의 성장 과정에 비유하고 있습니다.

"자녀들아 내가 너희에게 쓰는 것은 너희 죄가 그의 이름으로 말미암아 사함을 얻음이요 아비들아 내가 너희에게 쓰는 것은 너희가 태초부터 계신 이를 앎이요 청년들아 내가 너희에게 쓰는 것은 너희가 악한 자를 이기었음이니라 아이들아 내가 너희에게 쓴 것은 너희가 아버지를 알았음이요…"(요일 2:12~14)

여기서 자녀, 아이, 청년, 아비라 하는 것은 사람의 연령에 따른 분류가 아니라 영적인 믿음의 분량을 나타냅니다(『믿음의 분량』 책자 참조). 주님을 영접하고 성령을 받으면 하나님께서는 믿음을 선물로 주십니다. 이 믿음은 겨자씨와 같이 작은 믿음이요, 겨우 구원받을 수 있는 믿음으로서 자녀의 믿음에 해당합니다.

이렇게 성령 받아 자녀의 믿음에 들어선 사람은 속히 성장하여 아이의 믿음이 되어야 합니다. 아이의 믿음이 되면 하나님 말씀대로 행하려고 노력합니다. 나아가 말씀대로 행할 수 있는 청년의 믿음, 그리고 악은 모양이라도 버리고 진리로 행하는 아비의 믿음으로 계속해서 진보가 있어야 합니다.

믿음은 저절로 자라지 않습니다. 영이신 하나님을 신뢰하여 하나님 말씀대로 순종하는 만큼 성장합니다. 그래서 하나님 말씀대로 살기 위해 애쓰는 자신의 노력이 있어야만 합니다. 하나님의 은혜에 감사하면서 그 말씀을 깨우치고자 노력하고 기도하며 말씀대로 순종해 나갈 때 믿음이 성장합니다. 물론 사람의 중심과 마음 밭에 따라 더딘 사람도 있고 빠른 사람도 있지만 이렇게 노력해 나가는 사람은 반드시 믿음이 성장하게 됩니다.

수년 전에 아이의 믿음에 있던 사람이 지금도 여전히 그 믿음이라면 어찌하겠습니까? 영적인 믿음이 성장하지 않는 이유는 그만큼 영적인 것을 사모하지 않고 불같이 기도하지 않기 때문입니다. 말로는 "성결되기 원합니다." 하지만 마음의 악을 버리기 위한 노력이 부족하고 진정한 결단이 없었다는 사실을 마음 중심에서 깨닫고 돌이켜야 합니다.

아직 믿음이 크지 않을 때는 하나님 말씀을 깨닫는다 해도 온전히 행할 수 없습니다. 그러나 그 말씀을 명심하고 지키기 위해 마음에 다지고 또 다지면서 불같이 기도해 나가면 반드시 변화됩니다. 이렇게 행함으로 하루 빨리 장성한 분량의 믿음에까지 이르러야 합니다.

열매를 내는 믿음

히브리서 11장 6절에 "믿음이 없이는 기쁘시게 못하나니 하나님께 나아가는 자는 반드시 그가 계신 것과 또한 그가 자기를 찾는 자들에게 상 주시는 이심을 믿어야 할지니라" 말씀했습니다.

때로는 우리의 숨겨진 수고와 헌신을 사람들은 알아주지 않을 수도 있습니다. 그러나 하나님 앞에서는 모두 기억되며 공의의 하나님께서는 아무리 작은 것 하나라도 반드시 상으로 갚아 주십니다. 이렇게 상을 받기 위해서는 반드시 믿음으로 수고와 헌신을 해야 하며, 그 믿음은 열매를 통해 증명됩니다.

변개함이 없는 중심과 행함으로 믿음이 성장해 나가는 사람에게는 반드시 열매가 맺힙니다. 만일 믿음으로 행하여 맺은 열매가 없다면 천국에서 어떻게 상급을 받겠습니까? 겉으로 보기에는 열심히 충성하는 것 같아도 정작 마음의 악을 버리지 않고 자기 생각과 열심 속에 행하는 것이라면 육적인 충성에 불과합니다. 이런 행함은 결과적으로 좋은 열매를 맺지 못하며 열매가 조금 맺히다가도 익기 전에 떨어져 버립니다.

마태복음 23장 23절에 "너희가 박하와 회향과 근채의 십일조를 드리되 율법의 더 중한바 의와 인과 신은 버렸도다 그러나 이것도 행하고 저것도 버리지 말아야 할지니라" 말씀했습니다. 여기서 '의(義)'란 옳은 것을 좇는 것, 바로 죄를 버리고 하나님 말씀대로 사는 것을 의미하며 '인(仁)'이란 사랑과 덕을 가지고 자신의 삶 속에서 본분을 다하는 것을 의미합니다. 또 '신(信)'이란 하나님께 대한 믿음, 곧 하나님이 살아 계시며 계명을 지킬 때 상 주시는 분임을 믿는 것입니다. 이러한 믿음이 있을 때 마음의 악을 버리고 계명을 지켜 행하며 신의 성품에 참예할 수 있습니다. 따라서 의와 인과 신이란 마음의 악을 버려 거룩해지는 것을 의미하지요.

하나님께서는 겉으로 드러나는 충성뿐 아니라 마음까지 거룩하게 변화되어 하나님의 뜻대로 사는 삶을 원하십니다. 따라서 하나님 말씀을 믿고 순종하며 마음의 악을 버리는 가운데 충성하는 것이 중요합니다. 하나님께서는 그러한 충성에 반드시 열매를 맺게 하십니다.

 바라는 것들의 실상이요 보지 못하는 것들의 증거니

열매가 맺히면 우리의 수고와 충성을 축복과 하늘의 상급으로 갚아 주십니다.

하나님을 기쁘시게 하는 믿음을 소유하면 이런 소망 가운데 감사함으로 열매를 낼 수 있습니다. 열심히 땀 흘려 청소하여 성전이 깨끗해졌다면 하나님께서 기뻐하시는 소중한 열매를 낸 것입니다. 교통정리를 잘하여 차량 소통이 잘되고 성도들이 편안하게 길을 건너게 한 일도, 감동스런 찬양을 올려 성도들의 마음 문을 열게 한 일도 마찬가지입니다.

많은 사람을 전도하여 구원으로 인도한 것도, 하나님께서 맡겨주신 영혼들에게 믿음을 심어주어 알곡으로 만든 것도 하늘의 큰 상급과 영광이 주어지는 열매입니다. 또한 주일에 성도들이 행복하게 식사하도록 정성스럽게 준비한 일도 귀한 열매입니다.

그러니 '이런 열매는 누가 알아주지 않으며, 너무 작아서 티도 안 난다.'며 슬퍼하거나 마음 아파해서는 안 됩니다. '나는 언제쯤 큰 열매를 낼까?' 생각하며 낙심하거나 실망하는 것도 금물입니다. 지금은 비록 작은 열매를 냈다 해도 감사하며 그 작은 열매들을 하나씩 쌓아 나가면 큰 열매가 됩니다.

하나님의 일을 이루는 분야뿐 아니라 가정이나 직장, 학교 등 모든 분야에서도 마찬가지입니다. 건강, 사랑하는 가족, 일할 수 있는 직장이 있음에 감사하며 매 순간 다가오는 작은 것 하나라도 소중히 여기며 열매를 낼 때 하나님께서 더 좋은 것들로 풍성히 채워 주십니다.

때로는 열심히 충성하는데 당장 보이는 열매가 없는 것처럼 느껴질 수도 있습니다. 예를 들어, 전도의 경우 열매를 따기까지 많은 희생과 헌신이 필요합니다. 바쁜 시간을 쪼개어 복음을 전해야 합니다. 쉬고 싶고 개인적인 시간을 갖고 싶어도 마음을 접고 전도하러 나갑니다.

이렇게 자신을 희생하여 전도하러 나갔는데 문전박대를 당하거나 험한 말을 들을 때가 있습니다. 정성 다해 전도하고 많은 기도를 쌓았는데 열매를 맺지 못하는 경우도 있지요. 한 영혼을 교회에 데리고 왔으나 알곡으로 정착하지 못하는 경우도 있습니다.

그러나 어떤 경우에도 낙심하지 않고 기도해 나가면 하나님께서는 반드시 열매를 맺게 하십니다(갈 6:9). 다른 선한 영혼을 만나게 하셔서 헌신에 대한 열매를 맺게 하기도 하십니다. 전도할 능력과 영혼 사랑하는 마음을 더해 주셔서 더 많은 영혼을 구원할 수 있도록 축복하기도 하시지요. 이렇게 맺어진 열매들이 있을 때 그동안 행한 수고와 노력이 하늘의 상급으로도 쌓입니다.

장차 우리가 천국 집에 이르러 보면 하나님의 사랑과 자상하심에 감격하여 한동안 눈물만 흘리게 됩니다. 하나님을 믿고 행한 작은 일 하나까지도 전부 상으로 갚아 주신 것을 알게 되기 때문입니다. 소자 하나에게 물 한 그릇을 대접해도 상이 되는데 하나님을 위해 믿음으로 행한 것을 어찌 상으로 갚아 주지 않으시겠습니까.

설령 자신이 잊어버린 일이라 해도 하나님께서는 결코 잊지 않으십니다. '과연 내가 이런 상을 받을 만한 일을 했는가?' 생각하고 의아해한다면 하나님께서는 여러분이 이 땅에서 행한 장면을 보여 주실 수도 있습니다.

궂은일도 찬송을 부르며 기쁨으로 한 일, 영혼을 구원하기 위해 발이 닳도록 섬기며 수고한 일, 교회와 양 떼, 성전 건축을 위해 눈물 뿌려 기도한 일 등 우리가 믿음으로 행한 모든 것을 하나님께서는 다 기억하고 값진 상으로 갚아 주십니다.

이러한 상급을 바라보며 변개함 없이 달려가되 이전보다 더한 믿음으로 성장해야 하겠습니다. 또한 날마다 하나님의 은혜를 구하여 풍성한 열매를 냄으로 이 땅에서 축복을 받음은 물론 천국에서 큰 영광을 누리시기 바랍니다.

보지 않고도
믿을 수 있음은

요즘에는 해외여행을 통해 여러 나라를 가보고 다양한 문화를 직접 체험한 사람이 많습니다. 하지만 해외에 가보지 않은 사람이라 해도 다녀온 사람들의 말을 듣거나 책자를 통해 정보를 알 수 있습니다. 직접 가보지 않았다 해서 '그러한 나라는 존재하지 않는다.'며 부인할 사람은 없을 것입니다.

이처럼 우리가 직접 경험하지 못하고 눈으로 확인하지 않았어도 믿어야 할 일이 세상에는 많습니다. 주님의 부활 사건도 그중 하나입니다. 하나님의 독생자인 예수님은 약 2천 년 전 이 땅에 오셨습니다. 죄로 인해 사망으로 가는 사람들을 구원하시기 위함이었지요. 때가 이르자 예수님은 온 인류의 죄를 대신 지고 십자가에 못 박혀 돌아가셨습니다.

예수님께서 무덤에 장사된 지 사흘째 되던 날 새벽, 막달라 마리아는 시체가 없는 빈 무덤을 발견하였습니다. 그리고 부활하신 주님을 만나 대화를 나눈 뒤 그 기쁜 소식을 제자들에게 전했습니다. 제자들은 처음에 이를 믿지 못했지요.

제자들이 마가의 다락방에 모여 문을 잠그고 있을 때에 주님이 나타나 "너희에게 평강이 있을지어다" 하시며 자신의 부활을 증거하셨습니다. 제자 중 도마는 그 자리에 없었습니다. 다른 제자들이 그에게 부활하신 주님을 만났다고 전하자, 그는 직접 눈으로 보고 손으로 만져 보기 전에는 결코 믿을 수 없다고 말했습니다.

여드레가 지난 후, 주님은 제자들에게 다시 나타나셨는데 도마도 그곳에 함께 있었습니다. 주님은 도마에게 "네 손가락을 이리 내밀어 내 손을 보고 네 손을 내밀어 내 옆구리에 넣어보라 그리하고 믿음 없는 자가 되지 말고 믿는 자가 되라" 말씀하셨지요.

주님의 부활을 확인한 도마는 "나의 주시며 나의 하나님이시니이다"(요 20:28) 고백하였습니다. 이에 주님께서는 "너는 나를 본 고로 믿느냐 보지 못하고 믿는 자들은 복되도다" 말씀하십니다. 이처럼 눈에 보이지 않아도 믿는 것이 참된 믿음이며, 하나님이 기뻐하시는 영적인 믿음입니다.

Chapter 5

꿈을 이루실 줄 믿음으로

꿈의 사람 요셉의 삶과 신앙

그릇을 준비하는 과정의 중요성

요셉이 꿈을 꾸고 자기 형들에게 고하매

그들이 그를 더욱 미워하였더라 요셉이 그들에게 이르되

청컨대 나의 꾼 꿈을 들으시오 우리가 밭에서 곡식을 묶더니

내 단은 일어서고 당신들의 단은 내 단을 둘러서서 절하더이다

...

요셉이 다시 꿈을 꾸고 그 형들에게 고하여 가로되

내가 또 꿈을 꾼즉 해와 달과 열한 별이 내게 절하더이다 하니라

창세기 37:5∼9

신앙생활을 하다보면 어떤 사람은 신속하게 응답받는가 하면, 그렇지 못한 사람도 많습니다. 어떤 사람은 한 가지 소원을 이루기 위해 금식과 철야를 하면서 수개월 혹은 수년 동안 기도해도 당장 손에 잡히는 열매가 없거나 오히려 상황이 더 나빠진 것처럼 보일 때도 있습니다. 이런 경우 절망하며 포기하기도 합니다. 그러나 정녕 믿음으로 바라보고 구했다면 어떤 상황에서도 끝까지 요동하지 않습니다. 눈앞에 보이는 현실이 어떠하든지 변치 않는 진실한 마음으로 믿음을 지킬 때 마침내 응답받을 수 있기 때문입니다.

요셉은 믿음의 조상 아브라함의 증손자입니다. 아브라함의 아들 이삭은 야곱을 낳았으며, 야곱은 열두 명의 아들을 낳았는데 그중 열한째인 요셉을 더 깊이 사랑했습니다. 이렇게 아버지의 귀여움을 받고 자라던 요셉이 형들의 미움을 받아 어린 나이에 미디안 상인들에게 팔려가는 처지가 되었습니다. 하지만 그는 하나님이 주신 꿈을 끝까지 믿었습니다. 과연 요셉은 어떻게 자신의 믿음을 지키며 온갖 어려움을 극복하고 애굽의 총리가 되었을까요?

꿈의 사람 요셉의 삶과 신앙

꿈의 사람 요셉은 애굽에 노예로 팔려가고 아무 죄없이 감옥에 갇혀서 지내야 했습니다. 이러한 상황에서도 요셉은 오직 믿음으로 행하였으며 하나님은 요셉의 믿음을 기뻐하시고 애굽의 총리가 되게 하셨습니다. 우리는 그의 삶과 신앙을 통해 크게 네 가지를 깨달을 수 있습니다.

첫째, 사람이 고난 받는 까닭은 대부분 자신의 부족함 때문입니다

요셉은 야곱이 가장 사랑하는 아내인 라헬에게서 낳은 아들입니다. 더구나 야곱이 노년에 얻은 아들이기 때문에 그는 여러 아들 중에서 유달리 아버지의 사랑을 받았습니다. 야곱이 얼마나 사랑했던지 그에게만 채색옷을 입혔고, 다른 아들들은 일하러 나갈 때도 자기 곁에 남게 할 정도였습니다. 이로 인해 형들은 불평하며 요셉을 미워하였습니다.

게다가 요셉이 형들의 잘못을 아버지에게 알리기까지 하니 더욱 감정이 상하였습니다. 요셉의 입장에서는 옳지 않은 일을 그냥 넘기지 못하여 그런 것이지만 사랑이 아니었지요. 그뿐 아니라 요셉이 자기가 꾼 꿈을 말하는데, 그 또한 형들의 마음을 상하게 하는 내용이었습니다. 형제들이 밭에서 곡식을 묶는데 형들의 곡식 단이 요셉의 단을 향해 절을 하더라는 것입니다(창 37:7).

또 얼마 후에는 해와 달과 열한 별이 자신에게 절하는 꿈을 꾸었다고 말합니다. 이 꿈들은 장차 요셉이 존귀하게 되어 부모와 형제들까지도 그를 높이게 되리라는 의미가 담겨 있습니다. 형들이 보기에 그렇지 않아도 곱지 않은 동생이 갈수록 더 얄미운 말만 합니다. 물론 그의 꿈은 하나님께서 주신 영적인 꿈이었고, 오랜 세월이 지난 뒤 실제로 그대로 이루어집니다.

그러나 그가 좀 더 지혜롭고 겸손했더라면 공연히 형들에게 꿈 이야기를 하여 시기 나게 하지 않고 잠잠히 마음에 담아 두었겠지요. 그렇지만 자랑하고 싶은 마음이 있고 주변 사람의 마음을 살피는 덕과 지혜가 부족하여 형들의 마음을 불편하게 만들었습니다. 요셉을 미워하던 형들은 마침내 그를 미디안 상인에게 팔아 버리고 맙니다.

물론 형들이 악하기 때문에 요셉을 팔아넘겼지만 그에게 자랑하는 마음이 없고 낮은 마음으로 형들을 섬겼다면 그런 일은 없었을 것입니다.

여기서 자신의 모습을 한 번 점검해 보시기 바랍니다. 만일 건강이나 가정, 일터, 사업터 등에 어떤 어려움을 당하고 있다면 이는 남의 탓이 아님을 알아야 합니다. 요한일서 5장 18절을 보면 "하나님께로서 난 자마다 범죄치 아니하는 줄을 우리가 아노라 하나님께로서 나신 자가 저를 지키시매 악한 자가 저를 만지지도 못하느니라" 말씀하셨습니다. 우리가 하나님 말씀대로 선하고 의롭게 산다면 하나님께서 지켜 주시니 질병이 틈타거나 삶 가운데 어떤 문제나 어려움이 생길 리 없습니다.

그러므로 하나님 앞에 어떤 응답을 받기 원할 때는 먼저 자신의 부족함이 무엇인지 돌아보아야 합니다. 십일조를 하지 않거나 주일을 온전히 지키지 않았는지 돌아보며 미움, 시기, 간음, 판단 등 마음 안에 비진리가 있다면 회개하여 하나님과 막힌 죄의 담을 헐 때 응답받을 수 있습니다.

둘째, 참 믿음을 가진 사람은 어떤 상황에서도 낙심하지 않습니다

요셉은 애굽에 팔려갔지만 결코 낙심하지 않았습니다. 어떤 어려움 속에서도 하나님께서 자신을 인도하시리라는 믿음과, 하나님이 주신 꿈대로 자신이 존귀한 자리에 이르게 되리라는 소망이 있었기 때문입니다.

그가 종으로 팔려간 곳은 애굽 왕 바로의 시위대장 보디발의 집이었습니다. 주인은 요셉의 성실함과, 그와 함께하시는 하나님의 역사를 보고 자기 온 집을 관리하는 가정 총무로 세웠습니다. 이로 인해 형편이 나아졌는가 했는데, 얼마 후에 요셉은 이전보다 더 비천한 자리로 떨어지고 맙니다.

주인의 아내가 그를 유혹했다가 거절당하자 오히려 자신을 희롱했다는 누명을 씌웠기 때문입니다. 이제 요셉은 수치스러운 누명을 쓰고 왕의 죄수를 수용하는 깊은 감옥에 갇히는 처지가 되었습니다.

이때도 그는 낙심하지 않고 반드시 꿈을 이루어 주실 줄 믿으며 하나님을 의지했습니다.

이처럼 참 믿음이 있는 사람은 마가복음 11장 24절에 "무엇이든지 기도하고 구하는 것은 받은 줄로 믿으라 그리하면 너희에게 그대로 되리라" 하신 대로 자신이 하나님께 구한 것을 이미 받은 줄로 믿습니다. 당장 눈에 보이는 응답이 없어도 이미 받은 줄로 믿기 때문에 결코 낙심하지 않으며 믿음의 고백을 합니다. 그러니 때가 이르면 그 고백대로 반드시 응답과 축복을 받습니다.

셋째, 참 믿음은 세상 사람 앞에서도 인정을 받습니다

요셉은 어떤 환경에서도 하나님 앞에 범죄하지 않았습니다. 또한 주인이나 주위 사람들을 항상 성실하게 섬겼습니다. 하나님께서 이런 요셉을 축복하심으로 그는 가는 곳마다 인정과 사랑을 받았습니다. 보디발의 집에서뿐 아니라 감옥에서도 인정받아 옥중의 제반 사무를 감당하게 되었지요.

이처럼 끝까지 믿음으로 행한 결과 마침내 요셉의 꿈이 현실로 이뤄집니다. 얼마 후에 애굽 왕 바로의 술 맡은 관원장과 떡 굽는 관원장이 범죄하여 그가 있는 감옥에 갇혔습니다. 어느 날 두 사람이 각각 꿈을 꿉니다. 요셉이 그들의 꿈을 해석해 주었는데 과연 그 말대로 떡 굽는 관원장은 죽임을 당하고 술 맡은 관원장은 복직되었습니다.

　그로부터 2년이 지나 애굽 왕 바로가 기이한 꿈을 꾸었습니다. 자기가 하숫가에 섰는데 아름답고 살진 일곱 암소가 하수에서 올라와 갈밭에서 뜯어 먹었습니다. 그런데 그 뒤에 흉악하고 파리한 일곱 암소가 나와 아름답고 살진 일곱 암소를 먹어 버렸습니다.

　바로는 깨었다가 다시 잠이 들어 꿈을 꾸었습니다. 이번에는 한 줄기에 무성하고 충실한 일곱 이삭이 나오고 그 후에 또 세약하고 동풍에 마른 일곱 이삭이 나오더니 그 세약한 일곱 이삭이 무성하고 충실한 일곱 이삭을 삼키는 꿈이었습니다. 기이한 꿈을 잇따라 꾼 바로는 그것을 해석해 줄 사람을 찾았지만 애굽의 술객과 박사 중 어느 누구도 입을 열지 못했습니다.

　그러자 지난날 요셉이 해몽한 대로 복직되었던 술 맡은 관원장이 요셉을 떠올렸습니다. 그의 천거로 왕 앞에 나간 요셉은 아무도 풀지 못한 꿈을 시원스럽게 해석해 줍니다.

　일곱 좋은 암소와 좋은 이삭은 일곱 해의 풍년이며, 파리한 일곱 암소와 마른 일곱 이삭은 풍년 다음에 이어질 일곱 해의 흉년을 의미함을 알려 주지요. 그리고 흉년 때에 기근이 너무 심해 이전의 풍작을 기억하지 못할 정도이며, 꿈을 두 번이나 꾸었으니 그 일이 속히 이루어질 것이라 했습니다.

　이처럼 명쾌하게 꿈을 해석해 준 요셉은 그 일에 대한 대처 방법까지 제시합니다. 즉 명철하고 지혜 있는 사람을 택하여 일곱 해의 풍년

　바라는 것들의 실상이요 보지 못하는 것들의 증거니

동안에 소산을 거두고 흉년을 대비하여 그 곡물을 보관하라는 것이 었습니다. 관개시설이 발달하지 않았던 고대 사회에서 7년간의 기근 은 죽음을 의미합니다. 한 나라의 존망까지도 좌우할 수 있는 큰 재 앙을 미리 알려 주고 그 대비책까지 제시하였으니 왕이 얼마나 감사 했겠습니까.

왕은 요셉에게 임한 하나님의 지혜에 감탄하여 "하나님이 이 모든 것을 네게 보이셨으니 너와 같이 명철하고 지혜 있는 자가 없도다" 말합니다. 그를 왕 다음가는 권세자로 세우고 "애굽 온 땅에서 요셉 의 허락 없이는 수족을 놀릴 자가 없으리라" 할 정도로 높여 주었습 니다. 이는 요셉이 서른 살 되던 해의 일로서 그가 종으로 팔려온 지 13년 만의 일입니다.

마지막으로, 고난 중에도 기뻐하는 것이 참 믿음입니다

고난을 당할 때는 자신을 돌아보아 혹 범죄한 것이 있다면 이에 서 돌이켜야 하나님께서 고난에서 건져 주십니다. 그런데 자신을 돌아 보아도 회개할 것이 없다면 감사하며 하나님의 섭리를 기다리면 됩니 다. 반드시 그 연단을 통해 축복 주시려는 하나님의 뜻이 있기 때문 입니다.

요셉의 경우, 정도를 좇아 성실하게 살았지만 점점 더 수렁으로 빠지는 것 같습니다. 종으로 팔려가고 다시 누명을 쓴 채 감옥에 갇 혔기 때문입니다. 이런 상황을 당한다면 대부분 기쁨도 사라지고 절망에 빠지게 됩니다. 자신의 신세를 한탄하며 불평 불만할 수도 있습니다.

하지만 요셉은 신실하신 하나님을 믿었기에 고난 중에도 기뻐할 수 있었습니다. 때문에 노예 생활을 하면서도, 죄수의 신세였을 때에도 원망 불평하는 모습이 아니었고, 성실하게 자신의 삶을 꾸려간 것입니다.

하나님께서 보실 때는 요셉이 겪은 고난의 시간이 그 꿈을 가장 단기간에 이룰 수 있도록 하는 축복의 시간이었습니다. 만인 앞에 존귀한 자가 되리라는 요셉의 꿈은 믿음이 있다 해서 하루아침에 이룰 수 있는 것이 아니었습니다. 많은 사람을 다스릴 수 있는 그릇을 만드는 과정이 필요했습니다.

먼저, 보디발의 집에 종으로 팔려가서는 큰 장관의 가정사를 총괄하는 가운데 경제와 인사(人事)에 대한 실무를 배울 수 있었습니다. 나중에 애굽 전체의 재정을 관리하기 위해서는 이를 통한 지혜를 얻어야 했습니다. 또한 왕의 감옥에서는 함께 갇힌 사람들을 통해 총리로서 필요한 정치적 자질을 닦을 수 있었지요. 머리가 되려면 능력이 있어야 할 뿐 아니라 다양한 사람, 심지어 악한 사람들의 마음까지 알아서 다스릴 수 있어야 하기 때문입니다.

이렇게 낮은 자리를 거치면서 요셉은 더욱 겸비하고 덕과 사랑이 있는 큰 마음이 되어 많은 사람을 품을 수 있게 되었습니다. 또한 연단을 통해 끊임없이 하나님을 의지하고 교통하면서 믿음이 장성한 분량에 이르렀습니다.

많은 연단을 거쳐 애굽의 총리가 된 요셉은 결국 아버지와 온 가족의 생명까지 구합니다. 온 땅에 큰 가뭄이 들었는데 그의 지혜로 인해 애굽에는 양식이 풍족했습니다. 이때 요셉의 가족도 애굽으로 이주하여 기근을 극복할 수 있었습니다. 그런데 이 일은 하나님께서 요셉을 통해 야곱과 그의 후손을 기근에서 보존하고 큰 민족을 이루게 한 뒤 다시 가나안 땅으로 인도하시고자 하는 섭리였습니다.

요셉은 하나님이 주신 축복의 꿈을 믿음으로 온전히 이뤄 냈을 뿐 아니라, 아브라함 때부터 자기 민족에게 약속하신 하나님 말씀 역시 굳게 믿었습니다. 곧 장차 하나님께서 이스라엘 백성을 이끌어 축복의 땅 가나안으로 인도하실 것을 믿었지요.

그래서 임종 시에 유언하기를, 그때가 오면 자신의 해골을 함께 메고 가나안 땅으로 가라고 부탁합니다(창 50:24~25 ; 히 11:22). 죽음을 앞둔 마지막 유언까지도 오직 믿음의 고백임을 볼 때, 그가 평생에 얼마나 믿음으로 소망하며 꿈을 이뤄 가는 사람이었는지 잘 알 수 있습니다.

그릇을 준비하는 과정의 중요성

우리가 소원을 이루기 위해서는 요셉처럼 꿈이 있어야 하며 기도와 더불어 반드시 응답받기 위한 그릇을 준비하는 과정이 필요합니다. 하나님은 공의와 질서의 하나님이므로 순리를 좇아 응답하시기 때문입니다.

예를 들어, 여러분이 대기업의 회장이 되리라는 꿈을 가지고 정녕 믿음으로 기도했다고 합시다. 이때 하나님께서는 그 즉시 응답하시는 것이 아닙니다. 먼저는 관련된 분야의 낮은 자리에서부터 시작하여 전문 지식을 익히고 능력을 계발하게 하며 사람의 마음과 세상 이치를 깨닫게 하시지요.

또한 많은 경험과 지혜를 쌓게 하면서 대기업을 경영할 수 있는 그릇을 만들어 가십니다. 때로는 어려운 고비를 만나기도 하고 때로는 자신의 꿈과 거리가 먼 자리에서 별 진보도 없이 시간만 허비하는 것처럼 보일 경우도 있습니다. 하지만 끝까지 믿음으로 견뎌내는 사람은 마침내 크고 아름다운 그릇이 됩니다.

그러면 하나님께서는 더 지체하지 않으시고 마음의 소원대로 이루어 주십니다. 합당한 그릇 만드는 과정이 답답하고 곤고하게 여겨질 수 있으나 믿음의 눈으로 보면 그것이 응답을 받고 열매 맺는 과정이라는 사실을 알게 됩니다. 당장 눈에 보이는 응답이 없거나 오히려 고난이 와도 이미 응답받은 줄로 믿는 사람은 항상 기뻐하며 믿음의 고백을 합니다. 진정한 믿음의 고백은 반드시 그대로 이루어집니다.

그러니 믿음이 있는 사람은 자신의 손에 응답이 쥐어지는 순간까지 포기하지 않고 하나님께 기도합니다. 기도로 하나님께 질병을 치료받으려는 사람 중에 믿음이 있는 사람은 얼굴만 봐도 알 수 있습니다. 이미 나은 줄로 믿기 때문에 기쁨과 감사로 빛나는 얼굴입니다. 그 믿음을 보신 하나님께서는 즉시 치료하시기도 하고, 혹은 하룻밤 자는 사이에 온전케 하시는 경우도 있습니다.

응답받으려면 믿음을 더 크게 내보여야 하는 경우라도 우선 병세를 크게 호전시켜 주거나 다른 영적인 체험을 하게 함으로써 믿음으로 행할 수 있는 힘을 주시기도 합니다. 끝까지 하나님을 의지하고 믿음으로 행하게 하시는 것입니다. 결국 때가 이르면 반드시 치료해 주십니다.

그러므로 어떤 역경을 만나더라도 요셉의 믿음을 생각하며 모든 곳에서 성실히 하나님 뜻을 행하는 것이 중요합니다. 진실하게 믿음을 내보이는 사람에게는 하나님께서 반드시 응답의 열매로 축복하십니다. 요셉과 같이 변함없는 믿음을 소유하여 영광스런 천국에 들어가는 날까지 항상 응답과 축복이 넘치시기 바랍니다.

축복의 통로

장로로서 물질의 축복을 받아 선교와 구제에 힘쓰는 분이 있습니다. 그는 사춘기 때 가정문제로 많은 방황을 했습니다. 일찍이 사회에 발을 디딘 그는 직장에서 열심히 일을 했지만 삶의 의미를 찾을 수 없었습니다.

음악을 좋아하여 기타를 늘 옆에 놓고 살았으나 그것도 마음을 채워주진 못했습니다. 유일한 낙은 퇴근 후 술을 마시는 일이었습니다. 월급은 대부분 술값으로 나갔고 결국 알코올 중독자가 되었습니다. 얼굴은 시커멓게 변했고 손이 떨려 폐인이나 다름없게 되었지요.

1994년, 삶의 무게에 짓눌려 있던 그는 어느 분의 전도로 우리 교회에 등록했습니다. 하나님 말씀을 들으면서 그는 점점 삶의 의미를 되찾았습니다. 틈만 나면 설교 테이프를 구입해 듣고, 퇴근 후에는 곧바로 교회에 와서 기도했지요. 자연스럽게 술과 멀어졌고 담배도 끊었습니다. 손 떨림 증세도 사라지고 얼굴도 건강한 빛을 되찾았습니다.

1995년부터는 매일 다니엘 철야기도회 때 기타 반주 사명을 맡아 최선을 다해 감당했습니다. 그는 당시 돈가스 전문점을 운영하고 있었습니다. 정부의 IMF 구제금융 요청 영향으로 경제가 악화되어 그에게도 물질적인 어려움이 닥쳐서 지치고 힘들 때도 있었습니다. 그러나 믿음의 고백을 하며 철야기도회 반주 자리를 지켰습니다.

하나님께서는 이런 그를 새로운 직장으로 인도하셨습니다. 보험회사였지요. 그는 원래 내성적인 성격이라 말 주변이 없었지만 하나님 은혜로 놀라운 실적을 올렸습니다. 변함없이 기도하여 성령 충만함 속에서 일을 하며, 말씀대로 정도를 좇은 결과였지요.

그는 교회에서 준 직분도 열심히 감당하고 하나님께서 주시는 물질을 선교헌금, 건축헌금 등으로 즐겨 심었습니다. 이런 그에게 하나님께서는 넘치는 물질의 축복과 함께 팀장, 지점장, 이사진을 거쳐 전무이사로 승진하는 축복도 주셨습니다. 그가 변화되니 가정의 복음화도 이루어진 것은 물론입니다.

Chapter 6

오직 하나님을 의뢰한 다니엘

왕의 총애를 받는 총리가 되다

사자 굴에 던져졌으나 지킴을 받다

위대한 믿음의 승리자 다니엘

세상이 감당할 수 없는 다니엘의 믿음

다니엘이 왕에게 고하되
왕이여 원컨대 왕은 만세수를 하옵소서
나의 하나님이 이미 그 천사를 보내어
사자들의 입을 봉하셨으므로
사자들이 나를 상해치 아니하였사오니
이는 나의 무죄함이 그 앞에 명백함이오며 …
다니엘을 굴에서 올린즉
그 몸이 조금도 상하지 아니하였으니
이는 그가 자기 하나님을 의뢰함이었더라

다니엘 6:21~23

하나님을 기쁘시게 하는 믿음을 소유하면 주를 위해 부, 명예, 권세는 물론, 목숨까지도 버릴 수 있으며, 사나운 맹수 앞이나 물과 불의 가공할 위력도 두려워하지 않습니다. 이처럼 세상 무엇에도 하나님을 향한 신앙을 빼앗기지 않고 담대하게 하나님을 사랑하는 사람을 '세상이 감당치 못하는 자'라고 말합니다.

불의 응답을 끌어내린 엘리야, 멸족 위기에 있던 민족을 구한 에스더, 믿음의 용사 기드온, 박해와 순교의 길을 간 야고보와 베드로, 복음을 전하다 참수형을 당한 사도 바울 등이 그 예입니다. 천국 소망이 넘쳐났던 초대교회 성도들 역시 원형 경기장으로 끌려가 굶주린 사자의 밥이 되고 십자가에 달려 죽임을 당할 때에도 찬양하며 끝까지 믿음을 지켰습니다.

히브리서 11장 33~34절에는 세상이 감당치 못하는 사람에 대해 "저희가 믿음으로 나라들을 이기기도 하며 의를 행하기도 하며 약속을 받기도 하며 사자들의 입을 막기도 하며 불의 세력을 멸하기도 하며 칼날을 피하기도 하며 연약한 가운데서 강하게 되기도 하며 전쟁에 용맹되어 이방 사람들의 진을 물리치기도 하며"라고 말씀합니다.

이처럼 위대한 선진 중에 한 사람이 바로 다니엘입니다. 그는 하나님을 사랑하여 지혜와 총명을 얻었고 이상과 몽조를 깨달아 하나님의 능력을 나타낸 선지자입니다. 다니엘은 일생 동안 하나님을 섬기는 일에 세상 어떠한 것과도 타협하지 않았습니다. 오직 순교자적 신앙으로 일관하였으며, 시험 환난을 믿음으로 승리하여 하나님께 크게 영광 돌렸지요. 과연 세상이 감당치 못할 믿음을 지닌 다니엘은 어떤 축복을 받았을까요?

왕의 총애를 받는 총리가 되다

이스라엘의 통일왕국은 르호보암 왕 때에 남유다와 북이스라엘로 분열되었습니다(왕상 11:26~36). 이후 북이스라엘은 B.C. 721년 아시리아의 침공으로 사마리아가 함락되어 멸망하였고 남유다는 B.C. 586년 바벨론 제국 느부갓네살 왕의 3차 침공 때 예루살렘이 함락되어 멸망했습니다.

느부갓네살 왕은 여호야김이 유다 왕국을 통치하던 때에 1차 침공을 하였는데(B.C. 605년) 그때에 성전 보물과 함께 왕족과 귀족 일부를 바벨론으로 데려갔습니다. 다니엘은 이때 잡혀간 포로 중의 한 사람입니다.

느부갓네살 왕은 포로 중에 흠이 없고 아름다우며 모든 재주를 통달하여 왕궁에 모실 만한 소년들을 데려다가 3년 동안 갈대아 학문을 가르치고, 왕의 진미를 먹으며 자라게 하였습니다(단 1:4~5). 후에 바벨론에 봉사하도록 하기 위함이었는데 다니엘도 그중의 한 사람으로 발탁되었습니다.

이때 소년 다니엘에게 우려되는 일이 한 가지 있었습니다. 왕의 진미에 우상의 제물로 드려진 음식이나 하나님께서 '가증하다' 하신 짐승으로 만든 음식이 섞여 있을 수 있었던 것입니다. 그는 왕의 진미를 먹지 않고 대신에 채식을 할 수 있도록 감독자에게 청하였습니다. 열흘 동안 시험적으로 채식을 하게 하고 왕의 진미를 먹은 다른 소년들과 얼굴빛을 비교하여 보라 했지요.

그는 포로 신세로서 이것저것 가릴 수 있는 처지가 아니었습니다. 더구나 왕이 지정해 주는 음식을 자기 뜻에 맞지 않는다 해서 거절하기란 쉽지 않은 일입니다. 하지만 다니엘은 하나님께서 싫어하신다는 사실을 알면서도 '상황이 안 되니 어쩔 수 없다.'며 타협하지 않았습니다. 하나님을 중심에서 경외하니 하나님께서 싫어하시는 것은 자신도 철저히 싫어하는 마음이었습니다.

마침내 허락을 받은 다니엘은 세 친구와 함께 채식을 하였습니다. 열흘 후 그와 세 친구의 얼굴이 더욱 아름답고 살이 윤택했으며 왕의 진미를 먹은 모든 소년보다 나아보였습니다. 이로써 왕의 진미와 포도주를 먹지 않아도 되었지요. 다니엘의 믿음을 보신 하나님께서는 그로 하여금 지식을 얻게 하며 모든 학문과 재주에 명철하게 하시고 모든 이상과 몽조를 깨달아 알게 하셨습니다.

그리하여 느부갓네살 왕은 그의 지혜와 총명이 온 나라 박수와 술객보다 십 배나 나은 줄을 알았습니다(단 1:17~20). 다니엘은 왕이 꾼 꿈을 해석하여 인정받음으로 바벨론 온 도(道)를 다스리게 되었습니다(단 2:46~48). 그는 느부갓네살 왕뿐만 아니라 메대 왕국의 벨사살 왕과 그 뒤를 이은 바사 제국의 다리오 왕에게까지 총애를 받았습니다(단 5:29~6:3). 특히 다리오 왕 때에는 왕에게 신임과 사랑을 받아 총리 자리에까지 올랐습니다.

사자 굴에 던져졌으나 지킴을 받다

다니엘이 소년 시절 우상의 제물과 가증한 식물로 자신을 더럽히지 않고자 했던 마음은 세월이 흐르고 지위가 높아져도 변함이 없었습니다. 당시 그 나라에는 우상 숭배가 만연하였습니다. 그럼에도 그는 곧은 중심으로 변함없이 하나님의 선하신 뜻을 좇아 행했습니다. 이러한 그에게 어느 날 신앙에 대한 도전이 옵니다.

다리오 왕은 다니엘이 마음이 민첩하여 총리들과 방백들 위에 뛰어나므로 그를 세워 전국을 다스리게 하고자 합니다. 다니엘이 왕에게 사랑을 받자 이를 시기한 무리들은 국사에 대하여 그를 고소할 틈을 얻고자 했습니다. 그러나 아무 틈, 아무 허물을 발견하지 못했습니다(단 6:4).

이에 악한 무리들은 계략을 꾸며 왕에게 금령을 정하도록 합니다. 바로 30일 동안 누구든지 왕 외에 어느 신에게나 사람에게 무엇을 구하면 사자 굴에 던져 넣기로 한다는 내용이었지요. 이는 다니엘이 하루에 세 차례씩 예루살렘을 향해 기도한다는 사실을 알고 함정에 빠뜨리기 위함이었습니다. 이를 모르는 왕은 단지 자신을 높이고자 하는 일로 여겨 조서에 어인을 찍어 금령을 내렸습니다(단 6:4~9).

다니엘은 이를 알고도 전에 하던 대로 예루살렘으로 향하여 열린 창에서 하루 세 번씩 기도하며 하나님께 감사하였습니다(단 6:10). 금령을 어기면 사자 굴에 던져질 줄 알면서도 하나님만을 섬겼습니다.

다니엘을 고소하려는 무리들이 하나님께 기도하는 그를 발견하고 왕에게 알렸습니다. 그제야 왕은 놀라며 금령을 제정한 일이 자신을 위함이 아니라 다니엘을 제거하기 위한 모략임을 깨달았습니다. 하지만 이미 어인을 찍은 금령이 반포된 후이니 왕으로서도 번복할 수 없는 상황이 되었습니다.

다니엘 6장 14절을 보면 "왕이 이 말을 듣고 그로 인하여 심히 근심하여 다니엘을 구원하려고 마음을 쓰며 그를 건져내려고 힘을 다하여 해가 질 때까지 이르매" 하여, 왕이 다니엘을 얼마나 사랑했는지 알 수 있습니다. 왕은 어찌하든 다니엘을 구하려고 종일 근심하며 애를 썼지요. 이처럼 왕이 머뭇거리자 악한 무리들은 또다시 그 앞에 나아와 신속히 규례대로 시행할 것을 종용합니다.

왕은 할 수 없이 다니엘을 끌어다가 사자 굴에 던져 넣으라 명했습니다. 그리고는 마지막으로 그에게 이르기를 "너의 항상 섬기는 네 하나님이 너를 구원하시리라" 합니다. 왕이 하나님을 온전히 믿어서 이렇게 말한 것은 아니지만 이를 통해 다니엘이 평소에 왕에게 얼마나 하나님을 잘 알려 드렸는지 알 수 있습니다.

다니엘은 매사에 믿음직한 행실을 보였기에 그가 하나님에 대해 전하면 왕도 그의 말을 심중에 담아 두었던 것입니다. 그런데 지금 왕은 총애하는 신하를 지켜주지 못하고 사자 굴에 내어줘야 하기에 비통한 마음을 감출 길이 없습니다. 다니엘이 사자 굴에 던져진 그 날, 왕은 밤이 다하도록 금식하고 기악을 그쳤으며 잠도 이루지 못했습니다.

이튿날 새벽이 되자 왕은 급히 굴에 가서 슬피 소리 질러 다니엘을 불러 보았습니다.

"사시는 하나님의 종 다니엘아! 너의 항상 섬기는 네 하나님이 사자에게서 너를 구원하시기에 능하셨느냐?"

상식대로라면 그는 이미 생명을 잃고 그 시신마저 갈기갈기 찢겨 사자의 밥이 되었을 상황입니다. 왕이 이렇게 다니엘을 부른 것은 그가 살아 있으리라고 생각해서가 아닙니다. 그를 사랑하기 때문에 저절로 그런 고백이 나온 것입니다.

그런데 이게 웬일입니까? 사자 굴속에서 다니엘의 음성이 울려나

왔습니다. 그것도 "왕이여 원컨대 왕은 만세수를 하옵소서"라는 음성이었지요. 이어 다니엘은 "나의 하나님이 이미 그 천사를 보내어 사자들의 입을 봉하셨으므로 사자들이 나를 상해치 아니하였사오니 이는 나의 무죄함이 그 앞에 명백함이오며 또 왕이여 나는 왕의 앞에도 해를 끼치지 아니하였나이다"(단 6:22) 하였습니다.

왕의 마음을 위로하며 기쁘게 하는 선한 고백입니다. 다니엘에게는 왕에 대한 어떠한 원망이나 서운함도 없었습니다. 오히려 자신이 사자 굴에 던져진 뒤, 왕이 얼마나 가슴 아파하며 슬퍼할까를 염려했습니다. 그래서 새벽같이 달려온 왕에게 "왕이여 원컨대 왕은 만세수를 하옵소서" 하여 먼저는 왕을 안심시켜 드리고 하나님의 역사하심에 대해 말한 것입니다.

위대한 믿음의 승리자 다니엘

다리오 왕은 심히 기뻐하며 그를 굴에서 올리라 명하였습니다. 다니엘이 사자 밥이 되기는커녕 몸이 조금도 상하지 아니하였으니 얼마나 놀라운 일입니까! 다니엘의 믿음의 승리였습니다. 살아 계신 하나님을 의뢰한 그는 사자 굴에서 살아나 이방인에게까지 하나님을 알리게 되었습니다.

왕은 명을 내려 다니엘을 참소한 무리들을 끌어와 그 처자들과 함께 사자 굴에 던져 넣게 하였습니다. 그러자 그들이 굴 밑에 닿기도 전에 사자가 움켜서 뼈까지도 부서뜨렸습니다(단 6:24). 왕은 조서를 내려 모든 백성에게 하나님을 두려워할 것을 명하고 하나님이 어떤 분인지 알렸습니다.

"내가 이제 조서를 내리노라 내 나라 관할 아래 있는 사람들은 다 다니엘의 하나님 앞에서 떨며 두려워할지니 그는 사시는 하나님이시요 영원히 변치 않으실 자시며 그 나라는 망하지 아니할 것이요 그 권세는 무궁할 것이며 그는 구원도 하시며 건져내기도 하시며 하늘에서든지 땅에서든지 이적과 기사를 행하시는 자로서 다니엘을 구원하여 사자의 입에서 벗어나게 하셨음이니라"(단 6:26~27)

얼마나 위대한 믿음의 승리입니까. 다니엘은 포로로 잡혀와 어렵고 힘든 신세가 되었을 때만 하나님을 찾고 그분의 뜻 가운데 살았던 것이 아닙니다. 하나님의 은총을 입어 총리의 자리에 올랐을 때도 변함이 없었습니다. 그의 마음이 얼마나 참되고 진실했는지가 생명을 잃을 수 있는 시험을 통해 확실하게 증명되었습니다.

하나님께서는 다니엘이 금령에 어인이 찍힌 사실을 알고도 평소와 같이 예루살렘을 향해 창문을 열고 기도할 때 얼마나 감동하시고 그 기도의 향을 기쁘게 받으셨겠는지요? 우리도 다니엘과 같이 하나님 말씀을 좇아 행하며 하나님의 사랑을 받는다면 어떠한 환경과 조건에 놓인다 해도 하나님께서 피할 길을 주시며 승리하게 하십니다.

세상이 감당할 수 없는 다니엘의 믿음

그러면 사자 굴에 던짐 받은 다니엘은 어떠한 믿음과 행함으로 하나님을 기쁘시게 하며 살아 계신 하나님을 증거하는 축복의 기회로 삼았을까요?

첫째, 세상과 타협하지 않는 믿음을 가졌습니다. 다니엘은 나라의 금령을 어기면 사자 굴에 던져진다는 것을 알았지만 사람의 생각이나 지혜를 동원하지 않았습니다. 그는 자기를 모함하는 무리들을 두려워하지 않고 하나님께 기도하였습니다. 생각을 동원하면 30일 동안 내려진 금령이니 잠시 기도를 쉬거나 몰래 기도할 수도 있을 터인데 그리하지 않았습니다. 생명을 아까워하지 않고 오직 하나님을 사랑하는 마음으로 신앙의 절개를 굳게 지켰습니다.

둘째, 기도하는 신앙의 소유자였습니다. 죽음을 앞둔 절박한 상황에서도 다니엘은 전에 하던 대로 기도했습니다. 이는 기도 쉬는 죄(삼상 12:23)를 범치 않기 위해서였습니다. 기도는 영의 호흡이니 쉬지 않고 해야 하며 시험 환난이 왔을 때는 물론 평안할 때도 시험에 들지 않게 깨어 기도해야 합니다(눅 22:40). 이처럼 다니엘은 쉬지 않고 기도했기 때문에 믿음을 지키고 승리할 수 있었습니다.

셋째, 감사하는 신앙을 가졌습니다. 성경에 기록된 많은 믿음의 선진이 한결같이 감사하는 신앙을 가졌습니다. 이와 같이 어떠한 상황에도 감사할 수 있는 것이 참 믿음입니다. 다니엘처럼 하나님의 법을 좇다가 사자 굴에 던져졌다면 이는 승리한 신앙의 모습입니다. 하나님에 대한 사랑을 저버리지 않고 믿음을 지켰으니 감사하고, 설령 사자 밥이 된다 해도 영원히 하나님 품에 안겨 살 것이니 감사할 수 있습니다.

넷째, 아무 죄도 짓지 않았습니다. 다니엘은 오직 하나님 말씀을 좇아 행하는 믿음을 지녔습니다. 그가 충성되어 아무 그릇 함도, 허물도 없었기 때문에 국사에 대하여 고소할 틈을 얻을 수 없었다 했으니 얼마나 정결한 삶을 살았는지 알 수 있습니다.

뿐만 아니라 그는 어느 누구에게도 해를 끼치지 않으려는 선한 마음이었습니다. 자신이 왕에게 신임과 사랑을 받고 있으니 악한 무리의 궤계를 알려 그 계략을 분쇄할 수도 있었습니다. 그러나 왕에게 알리지 않고 악한 무리에게 대항하지도 않았습니다. 설령 자신을 모함하는 이들로 인해 생명을 잃을지언정 그들에게 해를 끼치는 일을 할 수가 없었습니다.

또한 자기를 사자 굴에 던진 왕에게 조금도 서운해하거나 감정을 품지 않는 충성된 신하였습니다. 죄로 인하여 찾아온 시험이라면 하나님께서 지켜 주실 수 없지만 다니엘은 이처럼 죄가 없었기에 하나님께 보호받을 수 있었습니다.

　다섯째, 오직 하나님을 의뢰하는 신앙을 가졌습니다. 하나님을 경외하고 전폭적으로 의지하면 하나님께서는 모든 문제를 해결해 주시고 책임져 주십니다. 다니엘은 전폭적으로 하나님을 의지하기에 세상과 타협하지 않고 하나님의 법을 좇으며 하나님께 구했습니다. 이러한 믿음을 보신 하나님은 합력하여 선을 이루시고 오히려 축복을 더하여 하나님께 마음껏 영광 돌리게 하셨습니다.

　만일 죄나 허물이 없는데도 어떤 시험이 왔다면 그것은 하나님의 영광을 더 크게 나타내고 더 큰 축복으로 갚아 주시기 위해 잠시 허락된 과정일 뿐입니다. 다니엘과 같은 믿음을 소유하여 항상 하나님과 동행하며 하나님께 영광 돌리는 삶을 영위하시기 바랍니다.

건설 경기와
상관이 없는 축복

16년 동안 위장병(기능성 위장장애)으로 위장약과 소화제를 달고 살던 사람이 있었습니다. 그는 신장 175cm에 몸무게 60kg의 마른 체구였고 신경이 예민해서 걸핏하면 짜증을 냈습니다. 소화불량으로 늘 얼굴에 뽀루지가 나서 보기 흉했습니다. 숙면을 취하지 못하니 피곤의 연속이었습니다. 아무것이나 잘 먹고 남들처럼 살찌는 것이 소원이었지요.

2005년 10월, 그는 믿음으로 치료받기를 권하는 아내의 말에 약을 끊고 하나님께 맡기기로 했습니다. 그리고 무안단물을 다량 마시고 잠이 들었습니다. 무안단물은 마실 수 없던 전남 무안 바닷가의 짠물이 저의 기도로 마실 수 있게 된 기적의 물입니다.

그런데 이게 웬일입니까? 다음 날 새벽, 심한 복통과 설사로 잠을 설치고 말았습니다. 이를 본 그의 아내는 "하나님께서 치

 바라는 것들의 실상이요 보지 못하는 것들의 증거니

료 중이시니 믿고 기다리세요." 했습니다. 차츰 속이 편안해지면서 일주일 후에는 얼굴도 깨끗해지기 시작했습니다.

2주 정도 되자 소화가 잘되고 더 이상 얼굴에 뾰루지도 나지 않았습니다. 치료받은 후 많은 것이 달라졌습니다. 그는 고백합니다. "하나님의 능력을 체험하고 나니 비로소 참 믿음이 생겼습니다."

그리고 식사 때마다 감사 기도를 올립니다. 이제는 무엇이나 잘 먹고 소화도 잘되기 때문입니다. 몸무게도 75kg으로 늘고 심신이 건강해져 매사에 자신감이 넘칩니다.

하나님 말씀이 송이 꿀처럼 달게 느껴지니 신령과 진정으로 예배를 드립니다. 뿐만 아니라 기도를 쉬지 않고, 어찌하든 말씀대로 살고자 노력하게 되었습니다.

건축 경기 침체로 차량 유류비와 점심 값이 없을 정도로 어려움을 겪었지만 그는 하나님께 맡기며 불같이 기도했습니다. 하나님 말씀대로 어떠한 일이 있어도 정도를 좇았습니다. '상대의 유익을 구해 주라'는 말씀대로 건축주들의 의견을 듣고 성심성의껏 일을 처리해 주었지요. 그랬더니 감동받은 건축주들이 계약 건을 서로 알선해 주는 등 일감이 늘어나 외주까지 주고 있습니다. 경기의 흐름과 상관없이 하나님 은혜로 물질의 축복이 넘칩니다.

Chapter 7

미리 준비하시는 하나님

하나님 말씀을 첫째로 여긴 아브라함

오직 "예"만 있었던 아브라함

화평함과 거룩함을 좇은 아브라함

하나님의 능력을 믿고 순종할 때 따르는 축복

여호와의 사자가

하늘에서부터 그를 불러 가라사대

아브라함아 아브라함아 하시는지라

아브라함이 가로되 내가 여기 있나이다 하매

사자가 가라사대 그 아이에게 네 손을 대지 말라

아무 일도 그에게 하지 말라

네가 네 아들 네 독자라도 내게 아끼지 아니하였으니

내가 이제야 네가 하나님을 경외하는 줄을 아노라

아브라함이 눈을 들어 살펴본즉

한 숫양이 뒤에 있는데 뿔이 수풀에 걸렸는지라

아브라함이 가서 그 숫양을 가져다가

아들을 대신하여 번제로 드렸더라

아브라함이 그 땅 이름을 여호와 이레라 하였으므로 …

창세기 22:11~14

　민음의 조상 아브라함은 '여호와 이레'의 축복을 받았습니다. '여호와 이레'란 히브리어로 '미리 준비하시는 하나님'이라는 뜻입니다. 앞서 행하고 준비하며 우리를 이끌어 가시는 하나님을 의미하지요. 아브라함이 하나님과 교통하며 여호와 이레의 축복을 받았던 것은 그만큼 그가 하나님을 사랑했기 때문입니다. 그는 무엇보다도 하나님을 첫째로 섬겼으며 하나님 말씀을 귀히 여겨 즉시 순종하는 중심이었습니다.

　성경을 보면 아브라함처럼 하나님 말씀을 첫째로 여기고 말씀대로 행한 선진들이 곳곳에 나옵니다. 열왕기상 19장 21절에 "엘리사가 저를 떠나 돌아가서 소 한 겨리를 취하여 잡고 소의 기구를 불살라 그 고기를 삶아 백성에게 주어 먹게 하고 일어나 가서 엘리야를 좇으며 수종들었더라" 말씀했습니다. 하나님께서 엘리야를 통하여 엘리사를 부르시니 그는 즉시 모든 것을 버리고 하나님의 뜻에 따랐습니다.

　예수님이 제자들을 부르실 때에도 즉시 순종하는 것을 볼 수 있습니다. 예수님께서 바다에 그물 던지는 베드로와 안드레에게 "나를 따라오너라 내가 너희로 사람을 낚는 어부가 되게 하리라" 하시니 그들은 곧 그물을 버려두고 좇았지요(마 4:18~20). 우리도 하나님 말씀을 첫째로 여기며 하나님의 뜻이라면 무엇이든 순종할 수 있는 믿음을 가져야 합니다. 그럴 때 미리 준비하시며 합력하여 선을 이루시는 하나님의 능력을 체험할 수 있습니다.

믿음의 조상, 복의 근원, 하나님의 벗이라 불리우는 아브라함의 믿음을 통해 여호와 이레의 축복을 받을 수 있는 길을 살펴볼까요?

하나님 말씀을 첫째로 여긴 아브라함

창세기 12장 1~2절을 보면 하나님께서는 아브라함에게 "너의 본토 친척 아비 집을 떠나 내가 네게 지시할 땅으로 가라 내가 너로 큰 민족을 이루고 네게 복을 주어 네 이름을 창대케 하리니 너는 복의 근원이 될지라" 말씀하셨습니다.

아브라함은 즉시 순종합니다. 당시의 상황에서 본토 친척 아비 집을 떠난다는 것은 결코 쉬운 일이 아닙니다. 어떤 사람은 "나도 아브라함처럼 순종할 수 있습니다." 고백할지 모르나 막상 그러한 상황이 되면 순종할 사람이 그리 많지 않습니다. 신앙생활에 가장 기본이라 할 수 있는 '항상 기뻐하라, 쉬지 말고 기도하라, 범사에 감사하라' 하신 말씀에도 순종하지 못하는 사람이 얼마나 많은

지요?

　하물며 모든 삶의 터전과 경제적인 기반, 그리고 가족들과의 관계까지 다 뒤로 하고 목적지도 모른 채 무작정 떠나는 것이 가능할까요? 육신의 생각을 동원하는 사람이라면 결코 순종할 수 없는 일이지요. 그러나 아브라함은 하나님을 첫째로 여겼기 때문에 즉시 하나님의 뜻을 좇았습니다.

　아브라함은 하나님 말씀을 좇아 하란을 떠나 가나안 땅에 들어갔는데 그 땅에 기근이 심하여 애굽으로 내려갔습니다(창 12:10). 그때 그는 아내에게 자신의 누이라 말하게 합니다. 애굽 사람이 아내 사라를 취하기 위해 자신을 죽일 수 있다는 생각이 들었기 때문입니다.

　실제로 사라는 아브라함의 이복 누이였으니 이 말이 틀린 것은 아닙니다. 문제는 그 말의 동기가 자기 나름의 지혜를 동원하여 위기를 피해 보려는 생각이었다는 점입니다. 과연 그 지혜대로 아브라함은 아내를 누이라 하여 목숨을 건질 수 있었지만, 아내를 애굽 왕 바로에게 빼앗기고 맙니다.

　아내를 빼앗긴 아브라함은 번민에 싸입니다. 그는 자신의 지혜가 얼마나 어리석었는지 깨닫고 하나님 앞에 기도하며 의뢰하였습니다. 항상 순종하고자 하는 마음이 되었지만 아직 하나님을 온전히 의뢰하지 못하므로 하나님께서 그러한 연단을 허락하신 것입니다. 오직 하나님만을 의지하도록 하기 위함이었습니다.

아브라함이 즉시 자신의 부족함을 깨닫고 하나님 앞에 나오자 하나님께서 친히 간섭하셨습니다. 애굽 왕과 그 집에 큰 재앙을 내리 셨지요. 그러니 아내를 되찾아 순간에 문제가 해결되고 애굽에 들어 갈 때보다 더 많은 소유를 얻어 나올 수 있었습니다. 애굽 왕이 사라 를 취하려고 아브라함을 후대하여 주었던 양과 소, 노비, 암수 나귀 와 약대까지 가지고 나오게 된 것입니다.

순종할 마음이 없어서 받는 연단은 어려움을 당하는 것으로 끝 나지만 이처럼 순종해 나가는 과정 속에서 사람의 생각 때문에 받는 연단은 하나님이 합력하여 선을 이루어 주십니다. 아브라함은 이런 연단을 통해 더 온전한 믿음을 가졌습니다.

하갈의 소생인 이스마엘을 내보낼 때 그는 어떠했습니까? 아브라 함이 첩 하갈을 통해 낳은 이스마엘이 본처인 사라에게서 난 아들 이 삭을 희롱한 일이 있었습니다. 이 장면을 목격한 사라는 즉시 이스마 엘을 내어 쫓도록 아브라함에게 요구합니다.

아브라함은 이삭과 이스마엘을 똑같이 사랑했기에 그 말에 깊이 근심합니다. 하나님께서는 그에게 사라의 말대로 하라고 말씀하십니 다. 하나님께서 이렇게 명하신 데에는 이유가 있었습니다. 당시 주인 은 종을 마음대로 할 수 있는 권세를 갖고 있었는데, 하갈은 사라에 게 속한 여종이었기 때문입니다.

육신의 생각을 동원하면 사라를 잘 타이르고 이해시켜서 하갈과 이스마엘을 집에 머물게 하는 것이 더 선하다고 생각할 수 있습니다. 그러나 아브라함은 전혀 생각을 동원하지 않았습니다. 하나님 말씀을 첫째로 여겼기에 아침 일찍 일어나 그대로 순종하였습니다. 골육의 정을 생각하면 순종할 수 없는 일이지만, 그가 순종하니 하나님의 섭리가 이삭을 통해 이루어졌고, 이스마엘도 한 민족을 이루게 되었습니다.

오직 "예"만 있었던 아브라함

아브라함은 연단을 통해 오직 "예"만 있는 믿음이 되었습니다. 하나님께서는 그에게 독자 이삭을 번제로 드리라 명하십니다(창 22:1~2). 번제란 짐승을 제단 위에 올려서 전부 불태워 그 냄새로 하나님을 기쁘시게 하는 구약 시대의 제사법입니다. 이삭은 아브라함이 백 세에 얻은, 눈에 넣어도 아프지 않을 만큼 사랑하는 아들입니다. 그런 아들을 번제로 드리라니 참으로 순종하기 어려운 일입니다.

그런데 창세기 22장 3절에 "아브라함이 아침에 일찍이 일어나 나귀에 안장을 지우고 두 사환과 그 아들 이삭을 데리고 번제에 쓸 나무를 쪼개어 가지고 떠나 하나님의 자기에게 지시하시는 곳으로 가더니" 말씀한 대로 아브라함은 잠시 망설이거나 고민하지도 않고 즉시 순종했습니다. 하나님을 온전히 신뢰하기 때문에 상식적으로는 도저히 이해되지 않는 일이라 해도 순종의 행함이 나왔습니다.

어떤 사람은 아브라함이 마지못해 이삭을 바친 것처럼 말합니다. 그가 이삭을 번제로 드리기 위해 사흘 길을 가면서 고민하며 괴로워했다고 하지요. 그러나 아브라함은 결코 슬퍼하거나 번민하지 않았습니다. 삼일 길을 갈 때도 얼굴에 수심이 차거나 이삭을 보면서 슬퍼하지 않았습니다.

창세기 22장 9~10절에 "아브라함이 그곳에 단을 쌓고 나무를 벌여 놓고 그 아들 이삭을 결박하여 단 나무 위에 놓고 손을 내밀어 칼을 잡고 그 아들을 잡으려 하더니" 했습니다. 그 순간에도 그는 육적인 정에 이끌려 마음이 요동하거나 '내 아들을 어떻게 죽일꼬!' 하며 슬퍼하지 않았습니다. 마지막 순간까지 조금도 주저하지 않고 생각을 동원하지도 않았으며 오직 하나님 말씀대로 순종하였습니다.

이러한 순종은 어디서 나올 수 있었을까요? 바로 죽은 자 가운데서 능히 다시 살리실 수 있는 하나님에 대한 온전한 믿음입니다(히 11:17~19).

아브라함이 칼을 들어 이삭을 잡으려는 순간 여호와의 사자가 "아브라함아 아브라함아" 부르셨습니다. 이미 아브라함의 마음과 행함을 아름다운 향으로 받으신 하나님께서 사자를 보내어 그를 부르신 것입니다. 하나님께서는 번제할 어린 양을 미리 준비하시고 이삭에게 손대지 못하게 하셨지요. 아브라함은 수풀에 걸려 있는 숫양을 가져다가 아들을 대신하여 번제로 드렸으며 그 땅 이름을 '여호와 이레'라 하였습니다.

하나님께서는 아브라함에게 "네가 네 아들 네 독자라도 내게 아끼지 아니하였으니 내가 이제야 네가 하나님을 경외하는 줄을 아노라" 하시고 "내가 네게 큰 복을 주고 네 씨로 크게 성하여 하늘의 별과 같고 바닷가의 모래와 같게 하리니 네 씨가 그 대적의 문을 얻으리라 또 네 씨로 말미암아 천하 만민이 복을 얻으리니 이는 네가 나의 말을 준행하였음이니라"고 축복하셨습니다(창 22:12~18).

이처럼 여호와 이레의 축복을 받기 위해서는 하나님의 말씀에 오직 "예"만 할 수 있는 마음이 되어야 합니다. 자기의 생각을 내세우지 않고 오직 하나님 뜻대로 행해야 하나님의 인정을 받을 수 있습니다.

화평함과 거룩함을 좇은 아브라함

아브라함은 하나님 말씀을 첫째로 여기며 하나님을 사랑했기에 그 말씀에 오직 "예"만 있었고 온전한 순종으로 하나님을 기쁘시게 했습니다. 뿐만 아니라 모든 사람과 더불어 거룩함과 화평함을 좇아 하나님께 사랑과 인정을 받았습니다.

아브라함이 본토 친척 아비 집을 떠나올 때 조카 롯도 함께했고 하나님께서 아브라함을 축복하실 때 그도 함께 복을 받았지요. 그런데 둘의 소유가 불어나 물과 목초지가 부족하자 더는 동거할 수 없게 되었습니다. 이때 아브라함은 롯에게 "우리는 한 골육이라 나나 너나 내 목자나 네 목자나 서로 다투게 말자 네 앞에 온 땅이 있지 아니하냐 나를 떠나라 네가 좌하면 나는 우하고 네가 우하면 나는 좌하리라"(창 13:8~9) 말합니다. 삼촌으로서 얼마든지 취할 수 있는 선택권을 양보하였습니다.

그러자 롯은 자기 보기에 좋은 땅을 택하여 떠났는데 아브라함은 이에 대해서 결코 서운함이나 감정을 품지 않았습니다. 그의 마음에는 아무런 걸림도 없었습니다. 중심에서 상대를 섬기므로 소자에게도 자신이 누릴 권리를 내줄 수 있었고, 오히려 더 달라 해도 기꺼이 줄 수 있는 마음이었습니다. 이처럼 아브라함은 윗사람이면서도 화평을 좇기 위하여 조카 롯에게 기쁨으로 양보하고 자신을 희생했습니다. 이는 자기 유익을 구치 아니하는 영적인 사랑이 있었기 때문입니다.

그랄 왕 아비멜렉의 종들이 아브라함의 우물을 늑탈한 일이 있었습니다. 그 일에 대해 아브라함이 아비멜렉을 책망하자 그는 그 사실을 몰랐다고 말합니다. 자신이 알았으면 그렇게 못하도록 했을 텐데 모르는 사이에 생긴 일이니 너그러이 넘어가 달라는 의미입니다. 그러자 아브라함은 아비멜렉의 마음을 풀어 주고자 합니다.

아브라함이 그를 책망한 것은 다툼이나 분쟁을 일으키기 위함이 아니었습니다. 잘못은 지적하되 결과적으로는 화평하기를 원하는 마음이었습니다. 그러니 상대가 잘못을 인정하자 이내 먼저 손을 내밀어 화평을 이루어가지요. 곧 피해를 입은 자신 편에서 양과 소를 아비멜

렉에게 주고 우물로 인해 다시금 오해가 생기지 않도록 둘 사이에 언약의 증거를 삼았습니다. 이처럼 아브라함은 늘 화평하기 원하고 내 유익만이 아니라 상대의 유익을 구해 주려는 넓은 마음이었습니다.

시편 37편 11절에 "오직 온유한 자는 땅을 차지하며 풍부한 화평으로 즐기리로다" 하신 말씀처럼 그는 온유함으로 주변 사람을 품어 풍부한 화평 가운데 자신의 기반을 다져 나갈 수 있었습니다.

소돔 땅에 살던 조카 롯이 전쟁 중에 사로잡혀 갔을 때는 어떠했습니까? 집에서 길리고 연습한 자 318인을 거느리고 쫓아가서 적들을 쳐부수고 빼앗겼던 재물과 사람들을 모두 찾아왔습니다(창 14:12~16). 이러한 활약은 롯이 속한 소돔 왕에게 승리를 안겨 주었고 그는 감사의 뜻으로 아브라함에게 전리품을 취하도록 권했습니다.

그러나 아브라함은 "네게 속한 것은 무론 한 실이나 신들메라도 내가 취하지 아니하리라"(창 14:23)라고 말합니다. 전쟁을 승리로 이끈 주역이며, 소돔 왕에게 큰 은혜를 베푼 은인으로서 전리품을 취할 수도 있지만 사사로운 유익을 취하려는 마음이 전혀 없었습니다.

또 아내 사라의 매장지를 구할 때에는 헷 족속이 장사할 굴을 거저 주겠다고 해도 아브라함은 굳이 그에 해당하는 값을 치렀습니다. 정당하지 않은 것은 받지 않는 정직과 성실한 마음을 보여 줍니다. 이와 같이 아브라함은 화평함뿐만 아니라 거룩함을 좇아 행했습니다. 히브리서 12장 14절에 "모든 사람으로 더불어 화평함과 거룩함을 좇으라 이것이 없이는 아무도 주를 보지 못하리라” 말씀합니다. 이렇게 거룩함과 화평함을 좇은 그였기에 여호와 이레의 축복을 받을 수 있었습니다.

하나님의 능력을 믿고 순종할 때 따르는 축복

히브리서 11장 17~19절을 보면 “아브라함은 시험을 받을 때에 믿음으로 이삭을 드렸으니 저는 약속을 받은 자로되 그 독생자를 드렸느니라 저에게 이미 말씀하시기를 네 자손이라 칭할 자는 이삭으로 말미암으리라 하셨으니 저가 하나님이 능히 죽은 자 가운데서 다시 살리실 줄로 생각한지라” 했습니다. 이처럼 여호와 이레의 축복을 받으려면 하나님의 능력을 믿어야 합니다.

아브라함은 모든 것을 하실 수 있는 하나님의 능력을 믿었기 때문에 생각을 동원하지 않고 온전히 순종할 수 있었습니다. 하나님께서는 이런 순종을 기뻐하시고 그에게 넘치는 축복을 주셨습니다. 믿음의 조상으로 세우고 하나님의 벗이요, 복의 근원이 되게 하셨습니다. 사람들에게 사랑과 존경을 받게 하시고 물질의 축복 또한 넘치게 주셨으며, 자녀의 복과 건강, 장수의 복도 누리게 하셨지요.

만약 하나님께서 여러분에게 애지중지하는 외아들을 번제로 드리라 하신다면 어떻게 하겠습니까? 능치 못할 일이 없으신 하나님을 진정 믿는다면 내 생각과 맞지 않아도 순종할 수 있습니다. 하나님은 능력이 무한한 분이시니 우리가 하나님을 기쁘시게 하는 순종을 내보일 때 상상치 못할 축복으로 갚아 주십니다. 하지만 하나님보다 더 사랑하는 것이 있거나 자기 생각과 이론에 맞아야만 "예" 할 수 있다면 여호와 이레의 축복을 받을 수 없습니다. 내 생각과 이론에 맞아야 순종한다면 온전한 순종이 나올 수 없을 것입니다.

"원수를 사랑하라, 핍박하는 자를 위해 기도하라, 오른편 뺨을 치거든 왼편도 돌려 대라, 낮아지고 섬기라" 등 하나님 말씀은 사람의 생각과 다른 것이 많습니다. 따라서 자신의 생각을 깨뜨리고 무에서 유를 창조하시는 하나님을 온전히 믿는 영적인 믿음을 가질 때라야 말씀대로 순종하여 여호와 이레의 축복을 받을 수 있습니다.

저도 무엇이나 하실 수 있는 하나님 앞에 오직 믿음으로 행하여 놀라운 축복을 받았습니다. 우리 교회는 1982년 7월 25일, 어린이를 포함하여 13명이 10평($33m^2$) 남짓한 성전에서 개척예배를 드렸습니다. 당시 하나님께서는 우리 교회가 세계 선교를 창대하게 이루며 만민 위에 뛰어난 교회가 되리라는 축복의 말씀을 주셨습니다.

저와 성도들은 하나님께서 이 말씀을 어떻게 이루어 가실까 기대하며 믿음의 눈으로 바라보았습니다. 매 순간 하나님의 선하신 뜻이 무엇인지를 깨달아 그 뜻을 좇았습니다. 최선을 다해 선교와 구제에 힘쓰며 하나님께서 무엇을 명하시든지 오직 믿음으로 순종하였습니다. 그 결과 하나님께서는 우리의 믿은 모든 일들을 실상으로 나타내 주셨습니다.

지난 2000년부터 해외 연합대성회를 통해 전 세계를 성결의 복음과 권능으로 깨우게 하셨습니다. 우간다, 일본, 파키스탄, 케냐, 인도, 러시아, 독일, 미국 등에서 대형 집회를 개최했습니다. 수만, 수십만, 많게는 수백만의 인파가 운집했지요. 저는 기독교를 엄격히 금지하는 국가에서도 담대히 창조주 하나님과 예수 그리스도를 선포했습니다. 성령의 권능으로 수많은 영혼이 치유받고 귀신이 나가며 우상이 깨어지고 개종하는 역사가 일어났습니다.

이 성령의 불은 마침내 이스라엘로 향했습니다. 3년간의 이스라엘 사역을 통해 극정통 유대인에게까지 예수 그리스도가 전파되었습니다. 지금도 전 세계 곳곳에 크고 작은 규모의 손수건 집회(행 19:11~12)가 열려 성결의 복음과 권능으로써 많은 영혼이 구원에 이르고 있습니다.

그 밖에도 세계 기독방송 네트워크(GCN), 세계 기독의사 네트워크(WCDN), 만민국제신학교(MIS) 등을 통해 세계 선교가 활발하게 이루어지고 있습니다. 더불어 많은 책자를 발간, 각국어로 번역하여 우리가 직접 찾아가지 못한 전 세계 구석구석까지 성결의 복음과 권능의 역사를 전하고 있습니다.

이러한 축복은 하나님의 능력을 믿고 순종하는 모든 사람에게 동일하게 베풀어집니다. 전지전능하신 하나님을 믿는다 하면서 막상 어떤 문제에 부딪히면 염려, 근심, 걱정에 싸이지는 않습니까? 참 믿음이 있다면 하나님의 능력을 믿고 모든 것을 그분께 맡기며 기쁨과 감사로 순종할 수 있어야 합니다. 아브라함과 같이 순종의 마음을 소유하고 하나님의 능력을 믿음으로 항상 여호와 이레의 축복을 받으시기 바랍니다.

미국 대통령상을 받을 수 있었던 것은

하나님의 사랑과 축복에 감사하며 행복한 신앙생활을 하고 있는 분이 있습니다. 교회 다니기 전, 그의 아내는 항상 곤고해하고 외로워했습니다. 게다가 만성 소화불량 때문에 고생이 이만저만이 아니었지요. 그러던 중 2001년, 이웃의 전도로 그의 가족이 우리 교회에 등록했습니다.

말씀에 큰 은혜를 받고 하나님의 권능을 목도하며 믿음을 갖게 되었습니다. 그해 5월, 2주연속 특별 부흥성회에 참석해 그의 아내는 만성 소화불량을, 아들 석준이는 폐렴을 치료받았습니다. 그 뒤로 가족 모두 하나님 말씀대로 살며 행복한 신앙생활을 했습니다.

2006년, 그는 미국 나이키 골프 컨설턴트로 파견됐습니다. 미국에 들어가기 2주 전에 그의 어머니도 우리 교회에 등록했습니다. 그 전까지는 불교에 심취하였고 질병의 고통이 떠나지 않았으나 제 기도를 통해서 깨끗이 치료받았습니다.

2009년 7월, 석준이 학교에서 우편물이 왔습니다. 미국 오바마 대통령상(President's Education Award Program) 최우수상 상장이 들어 있었습니다. 이 상은 성적이 우수하며 여러 분야에서 탁월한 학생에게 주는 상입니다. 석준이는 늘 긍정적인 생각을 하며, 세상에 물들지 않고자 마음을 지키기 위해 힘썼다고 합니다. 신령과 진정으로 예배하며, 무엇이든 하나님께 드리기를 즐겨했지요.

석준이가 처음 미국에 왔을 때는 모든 것이 낯설고 언어 소통도 전혀 안 되었습니다. 하지만 주님이 함께하신다는 믿음으로 하나하나 적응하며 배워 나갔습니다. 그 결과, 6학년 과정을 4.0 만점에 4.0을 받았고, 오레건 주에서 실시하는 영어, 수학 테스트 등에서도 우수한 성적을 거두었습니다.

2010년, 하나님께서는 석준이에게 또 한 번의 축복을 주셨습니다. 이번에도 오바마 대통령상을 받아 하나님께 영광 돌린 것입니다. 7학년 성적도 4.0 만점에 4.0이었습니다. 온 가족이 하나님의 귀한 일꾼이 되고자 노력하며 한결같은 고백을 합니다. "모든 것이 하나님의 은혜입니다. 오직 주님께 영광 돌립니다."

참마음과 온전한 믿음

우리가 마음에 뿌림을 받아

양심의 악을 깨닫고 몸을 맑은 물로 씻었으니

참마음과 온전한 믿음으로 하나님께 나아가자

히브리서 10:22

우리가 악을 버리고 깨끗한 마음을 만들면 참 평안을 얻고 하나님의 축복을 받을 수 있습니다. 그러나 죄악에 물든 마음을 그대로 갖고 있으면 영적인 믿음이 주어지지 않으니 이런저런 근심으로 평안할 날이 없으며 하나님의 자녀 된 권세와 축복을 누릴 수도 없습니다.

인간의 진정한 가치와 존엄성은 부귀영화나 많은 지식, 명예, 외모 등 외적인 조건에서 나오는 것이 아닙니다. 아무리 이러한 것을 갖췄다 해도 자기 안에 간사함, 사심, 탐욕, 교만 등 추한 마음이 가득하다면 하나님 앞에 가치가 없지요. 깨끗하고 존귀한 참마음을 이루어야 온전한 믿음을 소유하여 무엇이든지 구하는 대로 응답받으며, 하나님의 형상을 따라 지음 받은 인간으로서 진정 가치있는 삶을 영위할 수 있습니다.

참마음과 온전한 믿음

참마음이란 거짓이 없는 진실된 마음, 선과 빛의 마음이며 하나님을 닮은 영의 마음입니다. 악이나 거짓이 없고 간사하지 않으며 변개하거나 좌우로 치우치지 않는 아름다운 마음이지요. 교만, 미움, 혈기, 시기, 욕심 등 원수 마귀 사단이 심어 준 비진리와 악이 조금도 없고 선, 사랑, 섬김, 화평 등 진리로 채워진 마음입니다.

히브리서 10장 22절에 "우리가 마음에 뿌림을 받아 양심의 악을 깨닫고 몸을 맑은 물로 씻었으니 참마음과 온전한 믿음으로 하나님께 나아가자" 말씀했습니다. 주님을 영접하면 성령의 역사 속에 자신의 악을 깨닫게 됩니다. 맑은 물인 하나님 말씀으로 마음을 씻어 악을 버리며 거룩하신 하나님을 닮아가는 만큼, 곧 참마음을 이루는 만큼 온전한 믿음이 주어집니다.

온전한 믿음이란 무엇일까요? 성경 66권 하나님 말씀을 온전히 믿고 지켜 행하는 믿음입니다. 예수님처럼 하나님의 마음과 뜻을 헤아려 온전한 순종으로 하나님을 기쁘시게 해 드리는 믿음으로서 완전한 영의 믿음이며 그리스도의 믿음이라고도 합니다.

우리가 죄를 피 흘리기까지 싸워 버려 마음의 성결을 이루고 계속하여 성경 66권 하나님 말씀을 행해나가면 마음뿐 아니라 생활 속에도 진리가 온전히 임하게 됩니다. 이러한 믿음이 되면 주어진 사명을 넘치게 감당할 뿐 아니라 하나님을 위해 생명을 기꺼이 버릴 수 있습니다.

믿음의 선진들 중에 죽음을 보지 않고 승천한 에녹이나 엘리야,

믿음의 조상 아브라함, 출애굽의 지도자 모세, 이방인의 사도 바울 등이 이렇게 온전한 믿음을 소유하였습니다.

온전한 믿음으로 권능을 행한 사도 바울

원래 사도 바울은 의가 아주 강한 사람으로 주님을 영접하기 전까지는 '사울'이라는 이름을 갖고 있었습니다. 당시 유대교는 이스라엘을 로마로부터 해방시킬 수 있는 영웅, 곧 메시아를 기다렸습니다. 철저한 유대교인이었던 사울은 많은 사람이 나사렛이라는 촌 동네 목수의 아들 예수를 메시아라고 추종하는 데에 분노하였습니다. 그것을 하나님을 모독하는 행위로 여긴 그는 기독교인을 핍박하는 데 앞장섰습니다.

그러나 주님을 만난 이후 바울은 완전히 변화된 삶을 살아갑니다. 부와 명예, 지식 등 자신의 삶 속에서 누리던 모든 것을 배설물처럼 여겼습니다. 가장 가치 있는 것, 곧 영원히 변치 않는 천국을 얻었기 때문입니다. 바울은 자신의 모든 것을 하나님께 드리고 오직 복음 전파에 생명을 다했습니다.

그가 순교하기까지의 삶은 줄곧 시련의 연속이었습니다. 발이 닳도록 다니며 주의 복음을 전하다가 말로 다할 수 없는 고난을 당했지만 그는 한 번도 힘들다 불평하지 않았습니다. 어떤 고난 속에서도 오직 주님의 영광만을 생각했으며 자신과 같은 죄인을 구원하여 영광의 도구로 쓰신 하나님께 감사드렸습니다.

모진 핍박과 어려움을 당하고 아무리 곤란한 상황에 처해도 결코 낙심하지 않았고 깊은 감옥이나 파선의 위험도 아무 문제가 되지 않았습니다. 오히려 앞을 향해 갈 수 있는 채찍질로 여기고, 많은 상급을 쌓게 하시며 주의 은혜를 갚을 수 있는 기회를 주심에 중심에서 기뻐하고 감사하였습니다.

마침내 순교의 자리에 이를 때는 너무도 뵙고 싶던 주님을 곧 뵐 수 있다는 기쁨으로 가슴이 벅차올랐습니다. 사람이라면 누구나 죽음 앞에 긴장하기 마련이지만 사도 바울은 소망으로 가득하여 감사가 넘쳐났습니다. 그가 이처럼 어떠한 고난을 받아도, 심지어 생명을 잃는 상황에서도 변함없이 감사할 수 있었던 것은 곱고 선한 참마음과 온전한 믿음을 이루었기 때문입니다.

하나님께서는 이런 그를 사랑하여 큰 권능으로 함께하셨습니다. 사도 바울은 가는 곳마다 무수한 질병과 연약함을 치료하였습니다. 심지어 사람들이 그의 몸에서 손수건이나 앞치마를 가져다가 병든 사람에게 얹으면 병이 치료되고 악귀가 나갔습니다. 삼 층 누각에서 떨어져 죽은 청년 유두고를 살리기도 했고 맹렬한 독을 가진 독사에 물리고도 죽지 않자 사람들이 신이라 여길 정도였습니다.

이처럼 사도 바울은 큰 권능으로 하나님께 영광 돌리고 많은 교회를 세워 사마리아와 땅 끝까지 복음을 증거하기 위한 초석을 쌓

았습니다. 이로 인해 장차는 로마가 복음화되었고 아시아와 유럽에
도 복음이 전파되어 오늘에 이르기까지 무수한 사람이 구원받았습
니다.

참마음과 온전한 믿음을 이루려면

참마음과 온전한 믿음을 이루어 주님의 마음을 닮아가는 만큼
하나님 사랑을 받게 됩니다. 그런데 참마음과 온전한 믿음은 단번에
주어지지 않습니다. 어린아이가 자라서 어른이 되는 것처럼 믿음의 성
장 과정을 거쳐야만 합니다. 참마음과 온전한 믿음을 이루려면 과연
어떻게 해야 할까요?

우선, 양심의 악을 깨달아 철저히 버려야 합니다

히브리서 10장 22절 말씀대로 먼저 하나님 말씀을 통해 양심의 악
을 깨달아야 합니다. 자신이 얼마나 계명들을 지켜 행하며 하나님이
싫어하시는 죄악을 뿌리째 뽑아 버렸는지 점검해 보아야 하지요.

여러분이 선하고 아름다운 주님의 마음, 거짓이 없는 참마음을
이루기 위해 살펴볼 분야는 크게 아홉 가지입니다. 나무의 큰 뿌리
를 뽑으면 잔뿌리까지 뽑혀지듯이, 아홉 가지의 대표적인 죄성을 버
리면 이와 연결된 많은 죄성이 뽑혀져 나옵니다.

첫째, 혈기입니다. 혈기란 분노와 같은 악한 감정이 올라오는 것입니다. 혈기를 참지 못하면 욕설이나 폭행 등 거친 말과 행동이 나옵니다. 이렇게 행함이나 말로 쏟아내는 혈기는 당연히 버려야 합니다. 겉으로 드러나지 않는다 해도 마음에 혈기가 부글부글 끓어오르거나 이를 참기 위해 안절부절 못하는 모습이 있어서도 안 됩니다.

어떤 사람은 혈기를 내고도 '화를 낸 것이 아니라 상대를 깨우쳐 주기 위해 그런 것이다, 의분이다.'라고 변명합니다. 진정 참마음을 이루기 원한다면 자신의 모습에 대해 솔직해야 합니다. 혈기를 참지 못해 겉으로 드러내기까지 하면서 '나는 아니다.'라고 덮는다면 어떻게 버릴 수 있겠습니까? 평소 자기도 모르게 짜증 섞인 말이나 감정이 담긴 말을 툭툭 던지는 모습은 없는지 꼼꼼히 점검해 보아야 합니다.

둘째, 감정(憾情)입니다. 감정은 혈기보다 더 넓은 개념입니다. 마음 안에 있는 다양한 비진리가 느낌과 함께 올라오는 것이 감정이지요. 대표적으로 불편함과 서운함을 들 수 있습니다. 누군가가 안 좋은 말을 하거나 지적 또는 책망을 했을 때, 자신을 섬겨 주지 않거나 내가 원하는 만큼 상대가 해 주지 않을 때 불편함이 생깁니다. 또 남이 자기를 인정해 주지 않거나 일한 만큼 대가가 주어지지 않을 때, 애매히 오해받을 때 서운함이 생깁니다.

마태복음 5장 39~41절에는 "누구든지 네 오른편 뺨을 치거든 왼편도 돌려대며 또 너를 송사하여 속옷을 가지고자 하는 자에게 겉옷까지도 가지게 하며 또 누구든지 너로 억지로 오 리를 가게 하거든 그 사람과 십 리를 동행하고” 말씀합니다. 누가복음 17장 7~10절에는 무익한 종의 마음에 대해 나옵니다. 넘치게 수고하고도 “우리는 무익한 종이라 우리의 하여야 할 일을 한 것뿐이라” 고백하는 마음이지요. 이러한 마음이 되면 상대가 자기 마음에 맞춰 주지 않거나 원하는 대로 섬겨 주지 않는다 해서 불편해하거나 서운해하지 않습니다.

셋째, 미움, 시기, 질투입니다. 요한일서 3장 15절에 “그 형제를 미워하는 자마다 살인하는 자니 살인하는 자마다 영생이 그 속에 거하지 아니하는 것을 너희가 아는 바라” 말씀한 대로 미움은 큰 악이며 죄입니다. 설령 겉으로 드러내어 미워하지는 않는다 해도 마음에서 계속 미워한다면 이는 거듭 살인하는 것과 같습니다.

시기, 질투 역시 반드시 버려야 할 악입니다. 잠언 14장 30절을 보면 “시기는 뼈의 썩음이니라” 말씀합니다. 다른 사람이 자신보다 더 사랑받고 인정받으면 마음이 어떠한지 생각해 보시기 바랍니다. 진리와 함께 기뻐하는 것이 선한 마음입니다. 상대가 나보다 더 인정받고 칭찬받는 것을 기뻐해야 합니다.

넷째, 거짓과 속이는 마음입니다. 어떤 사람은 자신의 공을 드러내고자 없는 일을 있는 것처럼 보고하기도 하고 실적을 보태어 보고하기도 합니다. 또는 자신에게 불리한 일은 줄이거나 없는 것처럼 보고하지요. 이는 거짓과 속이는 마음이 있기 때문입니다.

잘못이 있으면 설령 꾸중을 듣더라도 솔직하게 고백하는 것이 진실입니다. 더구나 교회와 목자를 속인다면 하나님을 의식하지 않는 모습입니다. 당장은 속여서 넘어갔다 해도 결국 시험 환난으로 오고, 나중에는 더 큰 일도 속이는 사람이 됩니다. 그러니 아무리 사소한 일이라도 속이려는 마음, 거짓말하거나 숨기려는 마음 자체가 없어야 합니다.

다섯째, 판단입니다. 사람은 자기 생각이나 지식 또는 자기 보기에 선과 의를 기준으로 판단합니다. 그런데 설령 여러 사람이 겉으로 보이는 행위는 같아도 각 사람마다 중심은 다릅니다. 중심을 보시는 하나님만이 모든 것을 아시므로 판단, 정죄하는 일은 교만임을 알아야 합니다(약 4:11~12). 더욱이 판단을 하면 대부분 수군거림과 헤아림, 비방과 정죄가 따릅니다. 상대 앞에서는 잘 대해준다 해도 다른 사람에게는 그에 대해 안 좋은 말을 전하거나 비방하는 것입니다. 이는 이중적인 모습이지요.

특히 '분별한다'는 명목으로 다른 사람에 대해 이런저런 말을 하거나 안 좋은 말을 퍼뜨리는 일도 경계해야 합니다. 사람의 외모를 보고 판단하거나 다른 사람의 이야기나 소문만 듣고 판단하는 사람은 자기 안에 큰 악의 뿌리가 있음을 인정해야 합니다.

여섯째, 변개함입니다. 한 번 정한 일은 변개함 없이 지키는 것이 진리입니다. 자신과의 약속은 물론 다른 사람과의 약속을 쉽게 변경하고 더욱이 하나님 앞에 약속한 것도 수시로 바꾸는 사람이라면, 자신 안에 변개함의 속성이 많이 있음을 깨달아야 합니다.

잠언 4장 23절에 "무릇 지킬 만한 것보다 더욱 네 마음을 지키라 생명의 근원이 이에서 남이니라" 했습니다. 아무리 작은 일도 마음에 정하고 입으로 낸 것은 그대로 지키는 습관을 들이시기 바랍니다.

일곱째, 간음입니다. 간음은 하나님께서 너무나 싫어하시는 죄입니다. 요즘은 어디를 가든 선정적인 장면을 쉽게 볼 수 있습니다. 정숙하고 깨끗한 삶을 추구하기보다는 정욕을 자극하면서 아름답다고 여기는 세대에 우리는 살고 있습니다.

여러분은 이런 환경에 접할 때 어떤 마음이 듭니까? 하나님께서는 중심을 감찰하며 순간 스치는 생각이나 눈빛 하나에 담긴 마음도 아십니다. 우리는 "내 마음과 행실에 부끄러울 모습이 없다."고 담대히 말할 수 있어야 합니다. 예수님께서는 여자를 보고 음욕을 품는 자마다 마음에 이미 간음했다고 말씀하셨으니(마 5:27~28) 이성을 대할 때 깨끗한 마음으로 대할 수 있어야 합니다.

여덟째, 욕심, 사심, 탐심입니다. 여기에는 물질, 명예, 권세에 대한 욕심도 포함됩니다. 자존심, 높임 받고 인정받으려는 마음, 자기를 고집하고 내 것과 내 가족을 더 중요시하는 사사로운 마음도 마찬가지입니다.

사심과 욕심으로 인해 많은 악이 나옵니다. 욕심을 채우기 위해 남을 속이고, 원하는 대로 욕심을 채우지 못하면 미움, 시기, 살인, 분냄, 다툼이 나오지요. 야고보서 1장 14~15절에 "오직 각 사람이 시험을 받는 것은 자기 욕심에 끌려 미혹됨이니 욕심이 잉태한즉 죄를 낳고 죄가 장성한즉 사망을 낳느니라" 말씀했습니다.

정당한 대가를 지불하지 않고 취하려는 마음이나 남의 것이 내 것이 되면 좋겠다는 마음은 없는지, 하나님 나라보다 내 유익을 앞세우지는 않는지 점검해 보시기 바랍니다.

아홉째, 배신입니다. 배신은 변개함이나 간사한 마음과 관련이 있습니다. 또 자기 유익을 구하는 마음, 교만 등 여러 악들이 복합적으로 작용해서 '배신'이라는 악을 낳게 됩니다. 큰 은혜를 받은 사람이 이를 저버리고 배신한다면 더 큰 악입니다.

성경을 보면 하나님의 사람을 배신한 사람과 반대로 하나님의 사람과 끝까지 함께한 사람이 각각 어떤 결말에 이르는지 잘 나옵니다. 한 예로, 다윗이 연단받는 중에도 그와 끝까지 함께한 사람이 받은 축복과, 그를 배신하고 떠난 사람의 비참한 결말이 잘 기록되어 있지

 바라는 것들의 실상이요 보지 못하는 것들의 증거니

요. 이러한 성경적인 교훈이 아니라도 배신은 너무나 추한 행위임을 알아 근본 뿌리까지 철저히 뽑아야 합니다.

다음으로, 몸을 맑은 물로 씻어야 합니다

몸을 맑은 물로 씻는다는 것은 하나님 말씀대로 행하는 과정을 의미합니다. 영적으로 물은 하나님 말씀을 뜻합니다. 하나님 말씀에 '버리라' 하시면 버리고 '하지 말라' 하시면 하지 않으며, '지키라' 하시면 지키고 '하라' 하시면 하는 것이 바로 맑은 물 곧 하나님 말씀으로 씻는 것입니다.

버리라는 말씀에는 "악은 모양이라도 버리라, 욕심을 버리라" 등이 있고, 하지 말라는 말씀에는 "미워하지 말라, 시기하지 말라, 간음하지 말라, 교만하지 말라" 등이 있습니다. 지키라는 말씀에는 "계명을 지키라, 안식일을 지키라" 등이 있고, 하라는 말씀에는 "기뻐하라, 감사하라, 거룩하라, 사랑하라, 화평하라" 등이 있습니다.

몸을 맑은 물로 씻기 위해서는 이런 하나님 말씀에 비추어 미움, 음욕, 탐심, 거짓, 시기, 혈기 등 자신에게 있는 악을 깨달아 부지런히 버려야 합니다. 앞서 살펴본 아홉 가지 분야를 통해 깨달은 악을 버리고 변화되어야 하지요.

다투고 혈기 내던 사람은 혈기를 버리고 온유한 사람으로 변해야 합니다. 사심과 욕심 가운데 높아지고 섬김 받으려는 사람은 낮아지고 섬기며, 미움과 시기 질투가 있는 사람은 원수까지 사랑하는 마음으로 변화되어야 하지요. 열심히 마음의 죄와 악을 버리고 선, 사랑, 이해, 용서, 관용 등 진리로 채워가야 하는 것입니다. 그런데 죄를 버리고 진리로 변화되는 것은 사람의 힘과 의지로만 되는 일이 아니므로 하나님의 능력을 받아야 합니다.

디모데전서 4장 5절에 "하나님의 말씀과 기도로 거룩하여짐이니라" 말씀했습니다. 따라서 하나님 말씀대로 행하고자 힘쓰고 애쓰며, 이와 동시에 불같은 기도를 통해 하나님의 능력과 은혜, 성령의 도우심을 받아야 합니다. 포기하지 않고 계속하여 진리를 좇아 나갈 때 마음에 있는 죄성이 버려지고 그 행위가 거룩해집니다.

양파를 벗기고 벗겨도 여전히 남아 있는 것 같지만 계속 벗기면 결국 다 벗겨집니다. 마찬가지로 계속 악을 버리고 진리를 행해 나가면 결국은 변화될 수 있습니다. 하나님께서 반드시 온전케 하시리라는 소망을 가지고 불같은 기도의 향을 올리며 말씀대로 행해 나가면 누구나 참마음과 온전한 믿음을 소유할 수 있습니다.

온전한 믿음을 가질 때 임하는 축복

참마음과 온전한 믿음을 가지면 능치 못할 일이 없습니다. 요한일서 3장 21~22절에 "사랑하는 자들아 만일 우리 마음이 우리를 책망할 것이 없으면 하나님 앞에서 담대함을 얻고 무엇이든지 구하는 바를 그에게 받나니 이는 우리가 그의 계명들을 지키고 그 앞에서 기뻐하시는 것을 행함이라” 말씀한 대로 무엇이나 응답받을 수 있습니다.

하나님께서는 온전한 믿음을 가진 사람을 기쁘게 바라보며 “내가 무엇을 줄꼬?” 물으시고, 구하는 것은 물론 마음에 품은 소원까지도 응답해 주십니다. 신명기 28장을 보면 구체적으로 어떤 축복이 임하는지 잘 알 수 있습니다.

“네가 네 하나님 여호와의 말씀을 순종하면 이 모든 복이 네게 임하며 네게 미치리니 성읍에서도 복을 받고 들에서도 복을 받을 것이며 네 몸의 소생과 네 토지의 소산과 네 짐승의 새끼와 우양의 새끼가 복을 받을 것이며 네 광주리와 떡반죽 그릇이 복을 받을 것이며 네가 들어와도 복을 받고 나가도 복을 받을 것이니라”(신 28:2~6)

이처럼 들어와도 나가도 복을 받고 가정, 일터, 사업터는 물론 주변에서 함께하는 사람까지 복을 받습니다.

또한 “믿는 자들에게는 이런 표적이 따르리니 곧 저희가 내 이름으로 귀신을 쫓아내며 새 방언을 말하며 뱀을 집으며 무슨 독을 마실지라도 해를 받지 아니하며 병든 사람에게 손을 얹은즉 나으리라”(막 16:17~18) 하신 대로 따르는 표적으로 성경이 참임을 증거하며 많은 영혼을 구원하게 됩니다. 귀신을 쫓아내며 각색 질병을 치료하는 등 표적을 통해 하나님 말씀이 참임을 확증하여 무수한 사람을 구원으로 인도하는 것입니다.

뿐만 아니라 요한일서 5장 18절에 기록된 대로 악한 자가 만지지도 못합니다. 질병이 틈타지 않으며, 거룩하고 온전한 마음에서 나오는 영적인 권세가 있기에 어떤 어둠의 세력도 해를 가할 수 없습니다. 원수 마귀 사단이 송사할 만한 죄악이 없으니 시험이나 환난을 가져다줄 수 없지요.

참마음과 온전한 믿음을 이루면 성령의 주관을 정확히 받으며 그에 온전히 순종합니다. 성령은 하나님의 깊은 것이라도 통달하시므로(고전 2:10) 성령의 인도를 받으면 만사가 형통합니다. 앞에 함정이 있다 해도 하나님께서 친히 간섭하여 돌아가게 하거나 합력하여 선을 이루어 주십니다. 그러니 항상 승리하여 영광 돌리며 '너로 머리가 되고 꼬리가 되지 않게 하시며 위에만 있고 아래에 있지 않게 하신다'(신 28:13) 하신 약속대로 어디 가든지 인정과 사랑을 받는 위치에 오를 수 있습니다.

무엇보다 귀한 축복은 바로 천국의 가장 영화로운 처소인 새 예루살렘에 들어가는 것입니다. 황홀한 황금보석으로 지어진 너무나 아름다운 집에서 수많은 천사들의 시중을 받으며 영화로운 삶을 누립니다. 항상 각종 연회가 열리며 새롭고 행복한 일로 가득한 그곳에서 하나님과 주님의 사랑을 받으며 영원히 살아갑니다.

그러므로 신속히 참마음과 온전한 믿음을 이루어 이 땅에서도 하

나님의 은혜와 축복을 넘치게 받으며 천국에서 말로 다할 수 없는 영
광을 누리시기를 주님의 이름으로 축원합니다.

무안단물에 몸을 담근 후

코스타리카 수도 산호세에 있는 교회를 담임하며 8개 지방 도시의 지교회 사역도 겸하고 있는 목사님이 있습니다. 국회의원이기도 한 그는 정부의 요직을 맡고 있으며 어디를 가든 복음과 자신의 간증을 전합니다. 그는 엔라쎄 방송을 통해 저의 설교를 듣고 2010년 3월, 우리 교회를 방문하였습니다.

그동안 우리 교회의 사역을 익히 알고 있었지만 활발하게 펼치는 국내외 선교 사역을 직접 대하면서 큰 감동을 받았다고 합니다.

3월 31일, 그는 짠물이 단물로 변한 기적의 현장 무안단물터를 방문했습니다. 무안단물을 통해 하나님의 은혜와 치료의 역사를 체험한 이들의 간증을 이미 들은 터라 기대하는 마음이 컸습니다. 날씨가 상당히 추웠지만 그는 건강과 영적인 힘을 받기 위해 기도한 다음, 믿음으로 단

  바라는 것들의 실상이요 보지 못하는 것들의 증거니

물에 몸을 일곱 번 담갔습니다. 한 번, 두 번 단물에 잠길 때마다 말로 표현할 수 없는 평안함 가운데 하나님의 임재하심을 느꼈습니다.

그는 14년 전부터 오른쪽 무릎 통증으로 고통을 받았습니다. 최근 4년 동안 통증이 더 심해져 계단을 오르내릴 때 다른 사람의 도움을 받거나 아주 조심스럽게 발을 떼어야 했습니다. 의사는 뼈에 무리 가지 않도록 운동과 체중 조절이 필요하다며 지팡이를 들 것을 권유했지요. 하지만 그는 하나님의 치료 역사를 믿기에 고통을 참으며 천천히 걸어 다녔습니다.

그런데 단물에 몸을 담그고 나온 후 무릎에 통증이 전혀 느껴지지 않았습니다. 너무 신기하여 다리를 이리저리 움직여 보고 바닥에 무릎을 꿇고 앉아 보기도 했습니다. 이전 같으면 통증과 함께 무릎이 떨리는 증상이 있어야 하는데 전혀 없었습니다. 계단을 오르내릴 때에도 마찬가지였습니다. 말로만 듣던 무안단물에 담긴 하나님의 권능을 체험한 것입니다.

저자 이재록 목사

불같은 성령의 역사로 만민을 깨우는 권능의 목회자.

1982년 13명의 성도로 시작된 만민중앙교회를 성령의 역사 속에 전 세계 1만 1천여 지·협력 교회와 함께 사역하는 초대형 교회로 성장시켰다. 예수님께서 복음을 전하신 후 따르는 표적으로 말씀을 입증한 것처럼 이재록 목사는 하나님께서 함께하시는 권능을 통하여 성경이 참된 진리임을 확증하고 있다.

우간다, 일본, 파키스탄, 케냐, 필리핀, 온두라스, 인도, 러시아, 독일, 페루, 콩고민주공화국, 미국, 에스토니아, 이스라엘 등에서 연합대성회 부흥사로 활발하게 사역해 왔으며 집회 시 폭발적인 권능의 역사가 나타나 CNN 등에 보도되었다. 영어권 기독 포털 사이트 '크리스천 텔레그래프'와 러시아어권 세계적 포털 사이트 '인빅토리' 공동으로 세계에서 가장 크게 영향을 끼친 10대 기독교 지도자로 2년 연속 이재록 목사를 선정한 바 있다.

GCN 방송을 통해 성결의 복음과 하나님의 권능을 전 세계에 전파하고 있으며 〈죽음 앞에서 영생을 맛보며〉를 비롯하여 〈십자가의 도〉, 〈천국 상·하〉, 〈지옥〉, 〈믿음의 분량〉, 〈하나님의 벗 아브라함〉 등 100권이 넘는 다양한 신앙 저서로 성도들의 영적 성장을 이끌고 있다.

한 영혼도 잃지 않기를 원하시는 하나님의 사랑의 섭리를 이루어 드리고자 말씀과 기도에 전무하고 있다.

이 같은 것을 금지할 법이 없느니라

새 예루살렘으로 인도하는 성령의 열매

하나님의 마음을 얼마나 닮았는지 점검하는 척도가 되며,
신앙 여정의 이정표와 같은 성령의 아홉 가지 열매에 대해
감동적으로 전한다.

젖과 꿀이 흐르는 땅 가나안 정복사

수천 년의 시간을 뛰어넘어 바라다본 이스라엘 역사를 통해
우리가 간과하기 쉬운 미세한 일들이
삶에 얼마나 큰 반향을 일으키는지
마음 깊이 깨닫게 하는 감동의 메시지!

깨어라! 이스라엘

마지막 때 숨겨진 하나님의 사랑과 비밀

간절히 메시아를 기다려 왔던 모든 유대인들에게
하나님의 사랑을 깨닫게 하며,
마지막 때를 살아가는 온 인류에게 전하는 경고의 메시지!

일곱교회 모든 교회를 깨우시는 주님의 메시지

교회의 참 모습을 찾으시는 주님의 간절한 외침,
일곱 별의 비밀은 무엇인가?
주님께서 진정 기뻐하시는 교회는 어떤 교회인가?

나의 삶 나의 신앙 1, 2

지금도 성경의 기적이 계속되고 있다.
왜 믿음으로 기도받는 이마다 치유되고 살아나는가?
멈추지 않는 성령의 역사, 그 비밀의 열쇠는 무엇인가?

이재록 목사 간증 수기
죽음 앞에서 영생을 맛보며
멈추지 않는다

이재록 목사 자서전
나의 삶 나의 신앙 ①, ②

대표 설교집
십자가의 도
믿음의 분량
천 국 (상·하)
지 옥
영혼육 (상·하)
사랑장/ 사랑은 율법의 완성
성령의 열매/ 이 같은 것을 금지할 법이
　　　　　　 없느니라

강해설교집
요한복음/ 주님의 자취 (상·하)
고린도전서 강해 (상·하)
요한일서/ 하나님의 씨
욥기/ 육의 사람 영의 사람 (상·하)

영성이 깨어나는 시(詩)
고백
눈물

가나안 정복사
젖과 꿀이 흐르는 땅

이상적인 교회 지침서
일곱 교회

마지막 때 이스라엘 예언서
깨어라 이스라엘

성결과 권능 시리즈
(2주연속 특별 부흥성회 설교집)
입문편
죄와 의와 심판에 대하여
내가 시행하리니
의인은 믿음으로 살리라
실천편
와 보라! 살아 계신 하나님의 증거를
믿음으로 모든 세계가 하나님의 말씀으로
지어진 줄을 우리가 아나니
권 능
근본의 소리를 발하라
핵심편
육과 영
하나님의 선하신 뜻
하나님은 빛이시라
하나님은 사랑이시라
네 영혼이 잘됨같이

성경 인물 시리즈
하나님의 벗 아브라함
나의 택한 야곱아 나의 벗
아브라함의 자손아
하나님 언약의 통로 요셉
엘리야를 너희에게 보내리니

주제설교 모음
믿음 편/ 바라는 것들의 실상이요
　　　　 보지 못하는 것들의 증거니
응답 편/ 내 이름으로 주시리라
예배 편/ 신령과 진정으로 예배할 것은
기도 편/ 시험에 들지 않게 깨어 기도하라
치료 편/ 치료하는 여호와
십계명 편/ 하나님의 법도
팔복 편/ 참된 복을 좇는 자
열재앙 편/ 거역된 삶과 순종의 삶

권능 역사서
기이한 일
희한한 능

칼럼 모음
등불
잠언/ 지혜의 샘
생명의 샘
만화로 보는 지혜의 샘 (상·하)

자기 주도 학습법
공부 잘하는 비결

자기계발서
지혜

헌신예배 설교 모음
사명과 헌신
맡은 자의 구할 것은 충성

방송설교집
영원한 것을 위하여
겉옷을 내어 버리라
깊은 데로 가서 그물을 내리라

설교자료, 구역공과 교재
엿새 동안의 만나 (상·하)
감추었던 만나 1

학습 세례 문답서

신앙인의 기본

독후감 수상집
내 삶의 등불

성지순례 화보집
갈릴리여 꽃보다 붉은 사랑이여

성도 신앙 간증집
살아 계신 하나님의 증거들
주 예수를 믿으라
나를 만나 주신 하나님
하나님은… !

핸디북
사랑장/ 사랑은 율법의 완성
성령의 열매/ 이 같은 것을 금지할 법이
　　　　　　 없느니라
팔복/ 참된 복을 좇는 자
십자가의 도/ 예수 그리스도만이
　　　　　　 우리의 구세주가 되십니다
믿음의 분량/ 믿음에도 분량이 있습니다
천국 (상)

아동 공과교재 (주니어 Bible Study)
믿음에도 분량이 있어요
하나님의 법도 십계명
성령의 열매를 맺어요
사랑은 율법의 완성 ①, ②
참된 복을 좇는 어린이 ①, ②
십자가의 도 ①, ②
선
공부 잘하는 비결
하늘문이 열리는 파워 기도
출발! 아름다운 천국여행
7일간의 섭리
하나님의 벗 아브라함
하나님 언약의 통로 요셉

학생 공과교재 (청소년 Bible Study)
젖과 꿀이 흐르는 땅 ①, ②
선
믿음의 분량
지혜와 명철
공부 잘하는 비결
주님의 자취 ①, ②
사람이 다스려야 하는 몸의 행실
십자가의 도 ①, ②
만나Time
하나님의 벗 아브라함
하나님 언약의 통로 요셉

유아 유치 공과교재 (키즈 Bible Study)
공부야, 놀자!
나는 예수님 닮은 기도대장!
선

Tel 02-837-7632, 070-8240-2072, Fax 02-869-1537　　우림북 urimbooks.com

● 전자책(e-book) 구입 : 한국어 및 외국어 번역 도서 – 인터넷 교보, 리디북스 등 전자책 서점, 아마존닷컴(amazon.com), iBookstore, 구글플레이북 스토어 등

바라는 것들의 실상이요
보지 못하는 것들의 증거니

초판 1쇄 발행   1990. 7. 10.
      5쇄 발행   1998. 3. 31.
2판 1쇄 발행   2011. 8. 31.
      2쇄 발행   2014. 2. 14.

지은이   이재록
발 행 인   노경태
편 집 인   빈금선

발 행 처   우림북
전   화
(편집부) TEL 02-851-3845, 070-8240-5611
          FAX 02-830-1844
(영업부) TEL 02-837-7632, 070-8240-2072
          FAX 02-869-1537
(디자인부) TEL 070-8240-5632

등록번호   제1-904호

ISBN 978-89-7557-449-8 04230
ISBN 978-89-7557-067-4 (set)

우림

우림은 구약 시대에 대제사장이 하나님의 뜻을 묻기 위해 사용하던 판결 흉패이며,
히브리어로 '빛'이라는 의미가 있습니다(출애굽기 28:30).
빛은, 곧 하나님 말씀이며 생명입니다.
우림북은 온 누리에 참 빛을 비추고자 오늘도 기도와 정성으로 문서선교 사역에 앞장서고 있습니다.